Walther Ziegler

Schopenhauer
in 60 Minuten

Dank an Rudolf Aichner für seine unermüdliche und kritische Redigierung,
Silke Ruthenberg für die feine Grafik, Angela Schumitz, Lydia Pointvogl, Eva Amberger,
Christiane Hüttner, Dr. Martin Engler für das Lektorat
und Dank an Prof. Guntram Knapp, der mich für die Philosophie begeistert hat.

Inzwischen heißt ein Optimist mich die Augen öffnen und hineinsehn in die Welt, wie sie so schön sei, im Sonnenschein, mit ihren Bergen, Thälern, Ströhmen, Pflanzen, Thieren u.s.f. – Aber ist denn die Welt ein Guckkasten? Zu *sehn* sind diese Dinge freilich schön; aber sie zu *seyn* ist ganz etwas Anderes. [1]

Bibliografische Information der Deutschen Nationalbibliothek:
Die Deutsche Nationalbibliothek verzeichnet diese Publikation in der Deutschen
Nationalbibliografie; detaillierte bibliografische Daten sind im Internet über www.dnb.de
abrufbar.

© 2018 Dr. Walther Ziegler
Umschlaggestaltung und Grafik des gesamten Buches: Silke Ruthenberg
unter Verwendung von Illustrationen von:
Raphael Bräsecke, Creactive – Atelier für Werbung, Comic & Illustration (Zeichnungen)
© JackF - Fotolia.com (Bilderrahmen)
© Valerie Potapova - Fotolia.com (Bilderrahmen)
© Svetlana Gryankina - Fotolia.com (Sprechblasen)
Herstellung und Verlag:
BoD – Books on Demand, Norderstedt

ISBN 9-783-7460-1058-8

Inhalt

Schopenhauers große Entdeckung

Unter allen Philosophen gilt Arthur Schopenhauer (1788 – 1860) als der mit Abstand größte und brillanteste Pessimist. Tatsächlich gelang es ihm wie keinem zweiten, die großen und kleinen Unzulänglichkeiten des menschlichen Daseins zu erkennen und ergreifend zu beschreiben.

Das Leben auf unserem Planeten wird, so Schopenhauer, seit Jahrhunderten stilisiert, schöngeredet und falsch interpretiert. Alle Philosophen und Wissenschaftler gehen fälschlicherweise davon aus, dass der Mensch ein Homo sapiens, ein Geistwesen, ein animal rationale ist. Doch das, so Schopenhauer, ist ein großer Irrtum, denn die Menschen lassen sich in Wirklichkeit nicht von ihrer Vernunft durchs Leben führen, sondern handeln einzig und allein aus der Tiefe ihrer animalischen Antriebe heraus:

Die Menschen werden nur scheinbar von vorne gezogen, eigentlich aber von hinten geschoben [...]. [2]

Es ist nach Schopenhauer eine völlige Selbstüberschätzung, zu glauben, wir könnten die Welt rational erkennen, geschweige denn vernünftig lenken. Zum einen erkennen wir die Welt niemals wie sie wirklich ist, sondern nur, wie wir sie uns gerade vorstellen:

Jeder hält das Ende seines Gesichtskreises für das der Welt [...]. [3]

Zum anderen – und das ist die eigentlich große Entdeckung Schopenhauers – steht hinter allen Vorstellungen von der Welt ein tieferes, unreflektiertes Bewegungsprinzip, eine Art Urkraft, die allen Pflanzen, Tieren und Menschen innewohnt, der sogenannte „blinde Wille", oder wie Schopenhauer auch sagt, der „Wille zum Leben":

Jeder Blick auf die Welt [...] bezeugt, daß *Wille zum Leben* [...] der allein wahre Ausdruck ihres innersten Wesens ist. [4]

Deshalb nennt Schopenhauer sein berühmt gewordenes Hauptwerk kurz und knapp: „Die Welt als Wille und Vorstellung". Dabei stellt er den Willen ganz bewusst an die erste Stelle. Denn sein Kerngedanke lässt sich, wie er selbst sagt, in einem einzigen Satz zusammenfassen. Der Mensch macht sich zwar viele Vorstellungen von der Welt, in Wirklichkeit aber ist die ganze Welt nur Ausdruck eines unbändigen Willens, der sich seit jeher in der Materie, in den Pflanzen, Tieren und Menschen selbst verwirklicht:

Alles drängt und treibt [...] zum *Leben* [...].

> Man betrachte diesen universellen Lebensdrang, man sehe die unendliche Bereitwilligkeit, Leichtigkeit und Ueppigkeit, mit welcher der

> Wille zum Leben, unter Millionen Formen, überall und jeden Augenblick, mittelst Befruchtungen und Keimen, [...] sich ungestüm ins Daseyn drängt [...]. [5]

Der Wille zum Leben ist, wie Schopenhauer hier betont, ein „universeller Lebensdrang", das heißt, er ist im Grunde überall gleichzeitig am Werk. Er bringt die Pflanzen dazu, sich nach der Sonne zu richten, und treibt die Tiere und Menschen an, zu essen, zu trinken und sich zu vermehren. Er wirkt in Form des allgegenwärtigen Lebens- und Sexualtriebes und verwirklicht sich zu jeder Zeit millionenfach in allen Organismen auf unserem Planeten.

Wie sehr unser innerstes Wesen von diesem „Willen zum Leben" durchdrungen ist, kann man bereits am verzweifelten Widerstand sehen, den jedes Wesen aufbringt, wenn man ihm nach dem Leben trachtet. Unabhängig davon, ob der universelle Wille zum Leben gerade in einer Wespe, einer Maus oder einem Menschen am Werke ist, er wird sich in jedem Fall mit der gleichen, uneingeschränkten Intensität gegen den Tod aufbäumen:

[...] und dann wieder werfe man einen Blick auf den entsetzlichen Allarm und wilden Aufruhr desselben, wann er (der Wille zum Leben) in irgend einer einzelnen Erscheinung aus dem Daseyn weichen soll;

[...] das ganze Wesen eines so bedrohten Lebenden verwandelt sich sofort in das verzweifelteste Sträuben und Wehren gegen den Tod. Man sehe z.B. die unglaubliche Angst eines Menschen in Lebensgefahr [...] und den gränzenlosen Jubel nach der Rettung. [6]

Das Phänomen, dass sämtliche Organismen unbedingt am Leben bleiben wollen und dafür ihre äußersten Kräfte aufbieten, ist für Schopenhauer ein erster Beleg für seinen Kerngedanken. Aber auch die Evolution als Ganzes mit ihrer enormen Vielfalt an Substanzen, Pflanzen und Tieren, ihrer ständigen

Anpassung an neue Umweltbedingungen, ihrem andauernden, leidenschaftlichen Kampf um das Fortbestehen von Arten gilt ihm als sicheres Indiz für das universelle Wirken des sogenannten „blinden Willens" zum Leben:

Alles drängt und treibt zum *Daseyn*, wo möglich zum *organischen* […]: an der thierischen Natur wird es dann augenscheinlich, daß *Wille zum Leben* der Grundton ihres Wesens, die einzige unwandelbare und unbedingte Eigenschaft desselben ist. [7]

Der Wille ist also der einzige „unwandelbare Grundton" unseres Wesens. Die jahrtausendealte Vorstellung der Theologen und Philosophen, das eigentlich bestimmende Moment hinter allem Lebendigen sei die göttliche oder menschliche Vernunft, ist nach Schopenhauer unhaltbar:

> Statt dessen also ist es der blinde Wille, auftretend als Lebenstrieb, Lebenslust, Lebensmuth: es ist das Selbe, was die Pflanze wachsen macht. [8]

Aber warum spricht Schopenhauer vom „blinden Willen"? Schließlich dient der Wille zum Leben doch immerhin, wie er selbst einräumt, der Erhaltung der Art?

> Allein bei genauerer Betrachtung werden wir auch hier finden, daß er vielmehr ein blinder Drang, ein völlig grundloser, unmotivirter Trieb ist. [9]

Der Wille zum Leben ist bei genauer Betrachtung deshalb ein „blinder" und „unmotivierter Trieb", weil er letztlich keinerlei erkennbares oder gar sinnvolles Ziel verfolgt:

Aber der letzte Zweck von dem Allen, was ist er? [...] geplagte Individuen eine kurze Spanne Zeit hindurch zu erhalten, im glücklichsten Fall mit erträglicher Noth [...] sodann die Fortpflanzung dieses Geschlechts und seines Treibens. –

Bei diesem offenbaren Mißverhältniß zwischen der Mühe und dem Lohn, erscheint uns der Wille zum Leben, objektiv genommen, als ein Thor, ein Wahn, von welchem alles Lebende ergriffen, mit äußerster Anstrengung seiner Kräfte, auf etwas hinarbeitet, das keinen Werth hat. [10]

Der Lebenswille ist also ein „Thor", ein wahnhafter Wunsch. Er dient keinem höheren Zweck. Das ganze Fressen und Gefressenwerden im Tierreich und der menschlichen Gesellschaft ist nur ein dumpfes und blindes Treiben. Es gipfelt in der Fortpflanzung durch den Sexualakt:

[...] die Natur, deren inneres Wesen der Wille zum Leben selbst ist, treibt mit aller ihrer Kraft den Menschen, wie das Thier, zur Fortpflanzung. [11]

Dabei führt die „Heftigkeit des Triebes" zu unkontrollierter Vermehrung, zu fürchterlichen Kriegen und künftig zur

> Uebervölkerung des ganzen Planeten, […] dessen entsetzliche Uebel sich jetzt nur eine kühne Einbildungskraft zu vergegenwärtigen vermag. [12]

Blind ist der Wille aber vor allem deshalb, weil er sich generell in keiner Weise selbst erkennen und reflektieren kann. Seine mangelnde Selbsterkenntnis tritt immer dann zu Tage, wenn er sich in die verschiedenen Individuen hineinbegibt und sich in ihnen gleichzeitig mit voller Wucht verwirklicht. Schopenhauer sagt wörtlich, der Wille „individuiert" sich, verliert dadurch aber weder an Kraft, noch muss er sich aufteilen. Er wirkt in jedem Lebewesen mit derselben absoluten und unteilbaren Energie. Und genau darin zeigt sich seine unreflektierte Torheit. Denn ein und derselbe Lebenswille, der den hungrigen Wolf antreibt, das Reh zu jagen und zu töten, wirkt gleichzeitig im Reh und treibt es an, dem qualvollen Biss irgendwie zu entkommen. Und das bedeutet, dass der Wille

> in *einer* seiner Erscheinungen (im Wolf) gesteigertes Wohlseyn suchend, in der *andern* (im Reh) großes Leiden hervorbringt und so, im heftigen Drange, die Zähne in sein eigenes Fleisch schlägt, nicht wissend, daß er immer nur sich selbst verletzt [...]. [13]

Der Wille zum Leben schlägt also die Zähne in sein eigenes Fleisch und weiß nicht, dass er in den verschiedenen Organismen sich letztlich immer nur selbst quält:

> Der Quäler und der Gequälte sind Eines. [14]

Der „blinde" Wille merkt weder, dass er sich auf brutale Weise selbst kannibalisiert, noch nimmt er irgendeine Rücksicht. Er ist ohne Moral, ohne Selbstreflexion und ohne Selbstkontrolle:

Der Wille [...] (ist) rein an sich betrachtet, erkenntnislos und nur ein blinder, unaufhaltsamer Drang [...]. [15]

Auch die vielbeschworene souveräne, majestätische Ruhe und Schönheit des Löwen darf uns nicht darüber hinwegtäuschen, dass auch er sein Leben nur dem blinden Drang verdankt und auf einem Berg von Leichen steht, mit deren Blutzoll er seine Existenz erhält, bis er irgendwann selbst Opfer des kannibalischen Willens wird. Aber nicht nur im Löwen, auch im Unkraut, das, einmal ausgerissen, sofort wieder nachwächst, steckt derselbe hartnäckige Wille:

An solchen Erscheinungen also wird sichtbar, daß ich mit Recht als das nicht weiter Erklärliche, sondern jeder Erklärung zum Grunde zu Legende, den *Willen zum Leben* gesetzt habe, und daß dieser [...] das Allerrealste ist, was wir kennen, ja, der Kern der Realität selbst. [16]

Der Wille ist also der nicht weiter erklärbare Kern der Realität. Er ist, wie Schopenhauer auch sagt, „metaphysisch". Was heißt das? Metaphysisch bedeutet im Sinne der beiden griechischen Wörter „meta" und „physisch", dass der Wille „hinter" alles Physische zurückgeht beziehungsweise diesem vorausgeht. Der Wille zum Leben ist demnach kein physisch sichtbarer Trieb, kein wissenschaftlich messbares Phänomen oder Naturgesetz, sondern diejenige Kraft, die allen Messungen und Feststellungen zu Grunde liegt und diese überhaupt erst möglich macht. Denn im Gegensatz zu den sich wandelnden Lebewesen vom Einzeller über den Dinosaurier bis zu den heutigen Existenzformen ist der Wille zum Leben eine ewige und absolut gleichbleibende Kraft, die hinter allem steht:

[...] der *Wille* [...] allein ist unwandelbar und schlechthin identisch [...]. [17]

Schopenhauers philosophischer Kerngedanke ist bis dahin leicht nachzuvollziehen. Letztlich müsse, so Schopenhauer, jeder Mensch zugeben, dass sowohl er selbst als auch die anderen Organismen um ihn herum weiterleben wollen, dass es somit erstens den „Willen zum Leben" gibt und dass zweitens genau dieser Wille sich kannibalisieren muss, um zu existieren. Somit verursacht er zwangsweise Schmerz und Leid:

Man sehe sie doch nur ein Mal daraufhin an, diese Welt beständig bedürftiger Wesen, die bloß *dadurch*, daß sie einander auffressen, eine Zeitlang bestehn,

ihr Daseyn unter Angst und Noth durchbringen und oft entsetzliche Quaalen erdulden, bis sie endlich dem Tode in die Arme stürzen [...]. [18]

Das gegenseitige Verursachen von Leid gilt dabei nicht nur für das Tierreich. Auch die Menschen, so Schopenhauer, haben sich seit jeher gegenseitig versklavt, ausgenützt, geschunden, gemartert und gemordet. Sie sind diesbezüglich sogar noch erheblich schlimmer als die Tiere, insofern sie zusätzlich ihren Verstand einsetzen und alle anderen Spezies unterdrücken und zur Fabrikware degradieren. Der Egoismus ist die Grundverhaltensweise der Menschen, weshalb sie sich zwangsweise in einen „Kampf aller gegen alle" verwickeln:

Die Welt ist eben *die Hölle*, und die Menschen sind einerseits die gequälten Seelen und andererseits die Teufel darin. [19]

In immer neuen Anläufen zeichnet uns Schopenhauer wie kein zweiter Philosoph ein düsteres Bild vom menschlichen Dasein und dem Weg, den wir alle gehen müssen, von unserer Zeugung durch die Eltern im lustvollen Sexualakt bis zum jämmerlichen Absterben im Alter:

Welch ein Abstand ist doch zwischen unserm Anfang und unserm Ende! [...] dem Entzücken der Wollust [...] und dem Moderdufte der Leichen. Auch geht der Weg [...] stetig bergab: die sälig träumende Kindheit, die fröhliche

Jugend, das mühsälige Mannesalter, das gebrechliche, oft jämmerliche Greisenthum, die Marter der letzten Krankheit und endlich der Todeskampf: – sieht es nicht geradezu aus, als wäre das Daseyn ein Fehltritt, dessen Folgen allmählich immer mehr offenbar würden? [20]

Schopenhauer beantwortet diese Frage mit einem klaren „Ja". Das Leben ist letztlich ein Fehltritt, eine Art Unfall der Evolution, eine Zumutung des Universums. Denn der blinde Wille, der alles auf unserem Planeten antreibt, verursacht lebenslanges Leid:

Wenn man […] die Summe von Noth, Schmerz und Leiden jeder Art sich vorstellt, welche die Sonne in ihrem Laufe bescheint; so wird man einräumen, dass es viel besser wäre, wenn sie auf der Erde so wenig, wie auf dem Monde, hätte das Phänomen des Lebens hervorrufen können […]. [21]

Es wäre also besser gewesen, wenn auf der Erde niemals Formen von Leben entstanden wären. Denn, so Schopenhauers Fazit: Wir alle müssen einsehen,

daß wir über das Daseyn der Welt uns nicht zu freuen, vielmehr zu betrüben haben; - daß ihr Nichtseyn ihrem Daseyn vorzuziehn wäre; - [22]

Diese radikale Schlussfolgerung, dass es besser wäre, nicht zu leben beziehungsweise gar nicht erst geboren worden zu sein, brachte Schopenhauer den Ruf des größten Pessimisten und Misanthropen ein, den es je gegeben hat. Tatsächlich vermied er auch in seinem Alltag Geselligkeit und Menschenansammlungen, blieb Junggeselle und lebte die meiste Zeit seines Lebens zurückgezogen als Privatgelehrter in Untermiete. Nur einmal hat er als junger Dozent an der Berliner Universität eine Vorlesung gehalten. Er tat dies absichtlich und provokativ zur gleichen Zeit wie der damals schon berühmte Hegel. Als er aber fast keine Zuhörer bekam, wendete er sich verärgert vom Universitätsbetrieb ab.

Durch eine kleine Erbschaft von seinem früh verstorbenen Vater konnte er ein einfaches, aber unabhängiges Leben führen, ohne, wie die lohnabhängigen Philosophieprofessoren, „seine Überzeugung verleugnen", „kriechen" und „schmeicheln" [23] zu müssen.

Seine spartanisch eingerichteten zwei Zimmer verließ er nur, um essen zu gehen oder mit seinem Pudel längere Spaziergänge zu machen. Er gab ihm den Namen „Atma", was in der Tradition der indischen Veden „Weltenseele" [24] bedeutet. Wenn er sich jedoch über ihn ärgerte, rief er ihn „Mensch!".

Eine andere bezeichnende und von Biografen oft beschriebene Szene ereignete sich im Vorraum seiner Wohnung, den er sich mit seiner Nachbarin, der 47jährigen Näherin Caroline Marquet, teilen musste. Schopenhauer ärgerte sich, als diese sich einmal lautstark mit drei Freundinnen unterhielt. Nachdem sie trotz seiner mehrfachen Aufforderungen einfach weiterschwätzte, beschimpfte er sie und schubste sie ins Treppenhaus, wo sie eigenen Angaben zufolge hinunter fiel und sich ein nervöses Zittern im Arm zuzog. Sie zeigte Schopenhauer an und dieser wurde verurteilt, ihr so lange ein Schmerzensgeld von 60 Talern jährlich zu bezahlen, bis die Symptome wieder abklingen. Schopenhauer entgegnete dem Richter aufgebracht, dass Frau Marquet schlau genug sein werde, ihre Symptome niemals abklingen zu lassen. Er sollte recht behalten. Siebenundzwanzig lange Jahre musste der als sparsam bekannte Schopenhauer das Schmerzensgeld weiter entrichten. Als er endlich die Kopie ihrer Sterbeurkunde zugesandt bekam, kritzelte er darauf in lateinischer Sprache:

Obit anus, abit onus.
(Die Alte stirbt, die Last vergeht.) [25]

Aufgrund solcher Anekdoten und seiner radikal pessimistischen Philosophie hat man, wenn man an Schopenhauer denkt, allzu schnell das Bild eines alten Eigenbrötlers vor Augen, der im Laufe seines Lebens ein tiefes Misstrauen gegen die Menschheit entwickelt hat. Doch dieses Bild trügt. Erstaunlicherweise kam Schopenhauer schon als sehr junger Mensch zu seiner skeptischen Weltwahrnehmung:

In meinem 17ten Jahre, ohne alle gelehrte Schulbildung, wurde ich vom Jammer des Lebens so ergriffen, wie Buddha in seiner Jugend, als er Krankheit, Alter, Schmerz und Tod erblickte. [...]

und mein Resultat war, daß diese Welt kein Werk eines allgütigen Wesens seyn könnte, wohl aber das eines Teufels [...]. [26]

Zu dem Schriftsteller und Dichter Wieland sagte er bereits als Dreiundzwanzigjähriger:

Das Leben ist eine mißliche Sache, ich habe mir vorgesetzt, es damit hinzubringen, über dasselbe nachzudenken. [27]

Sein Hauptwerk, *Die Welt als Wille und Vorstellung*, hat er tatsächlich noch vor seinem dreißigsten Lebensjahr vollendet, was in der Geschichte der Philosophie einzigartig ist. Seine pessimistische Einschätzung des Lebens und der Welt entstand also offenbar sehr früh. Als er mit sechzehn Jahren zusammen mit seinen Eltern die Hafenstadt Toulon bereiste, sah er zum ersten Mal Rudersklaven aus nächster Nähe, die an die Bänke der Galeere angekettet waren. Deren Lebenswille beeindruckte ihn zutiefst:

> [...] läßt sich eine schrecklichere Empfindung dencken, wie die eines solchen Unglücklichen, während er an die Bank in der finsteren Galeere geschmiedet wird, von der ihn nichts wie der Tod mehr trennen kann! [28]

Von größerer Bedeutung als dieses Erlebnis war aber wohl das schwierige Verhältnis zu seiner Mutter. Nach dem frühen Tod des Vaters durch einen Unfall, vielleicht aber auch durch einen Suizid, zog seine Mutter Johanna Schopenhauer, eine erfolgreiche Romanschriftstellerin, nach Weimar. Sie eröffnete dort einen Künstlersalon, dem auch Goethe, Wieland und die Gebrüder Schlegel beiwohnten. Johanna bekannte sich zur freien Liebe und führte ein für die damalige Zeit sehr reges Liebesleben. Schopenhauer machte seiner Mutter diesbezüglich mehrfach Vorwürfe. Zum Eklat zwischen den beiden kam es aber nicht deshalb, sondern wegen der pessimistischen Weltsicht, mit welcher der junge Arthur die Gäste des Künstlersalons regelmäßig vergraulte. In einem Brief schreibt ihm seine Mutter: „Du bist nicht ohne Geist [...] aber dennoch bist Du überlästig und unerträglich, und ich halte es für höchst beschwerlich, mit Dir zu leben: [...] weil Du die Wut, alles besser wissen zu wollen, nicht beherrschen kannst. Damit erbitterst du die Menschen um Dich her [...]." [29] Seine Mutter enterbte ihn schließlich und hatte fortan keinen Kontakt mehr zu ihm.

Ob und inwieweit dies den jungen Schopenhauer auch in seinen philosophischen Betrachtungen geprägt hat, ist letztlich Spekulation. Fest steht, dass er das menschliche Leben aus einer unbestechlich nüchternen Perspektive gesehen hat. Sein Kerngedanke war klar und einfach. Wir sind existenziell vom Willen zum Leben angetrieben und dieser Wille verursacht Bedürfnisse und somit Leiden. Ganz ähnlich wie die Buddhisten, kommt Schopenhauer zu der Schlussfolgerung „Leben heißt Leiden":

[…] so ist jede Lebensgeschichte eine Leidensgeschichte […]. [30]

Doch dabei bleibt es nicht. Schopenhauer wäre kein Philosoph, wenn er aus dieser Feststellung nicht Konsequenzen ziehen würde. Wir müssen zunächst, so Schopenhauer, die Welt und unsere eigene Natur als das akzeptieren, was sie wirklich ist, als „blinden Willen". Daraus ergibt sich bereits eine erste Verbesserung unserer Lage. Wenn wir nämlich unser Getriebensein als solches erkennen, können wir viel gelassener mit den Zumutungen des Lebens umgehen. Wir spüren dann intuitiv, dass auch die anderen Menschen nur Getriebene und Opfer ein und desselben Willens sind und können an deren Situation und deren Leid Anteil nehmen. Diese Anteilnahme, das sogenannte Mitleid, die Hilfeleistung und das uneigennützige Handeln können uns dann sogar für kurze Zeit aus dem triebhaften Egoismus befreien.

In einem zweiten Schritt kann es uns dann sogar gelingen, so Schopenhauer, „Nein" zu sagen zum

Leben. Damit meint er nicht etwa den Selbstmord, sondern die Verneinung des „blinden Willens". Dies geschieht, indem wir uns durch Kunst, Askese und Meditation der Getriebenheit ganz verweigern:

> [...] der Mensch gelangt zum Zustande der freiwilligen Entsagung, der Resignation, der wahren Gelassenheit und gänzlichen Willenlosigkeit [...] der Verneinung des Willens zum Leben. [31]

Was heißt das aber konkret? Wie kann ich zum Leben „Nein" sagen? Was bedeutet es, asketisch zu leben? Wenn unser Leben nichts anderes ist als die Verwirklichung des blinden Willens, ein einziges Fressen und Gefressenwerden, wie kann ich mich diesem dann entziehen? Befreit uns die Askese? Und: was nutzt uns Schopenhauers Pessimismus heute? Wird uns heutzutage nicht gerade umgekehrt Optimismus und positives Denken empfohlen? Schopenhauer gibt uns faszinierende und kompromisslose Antworten.

Schopenhauers Kerngedanke

Die Welt ist nur meine Vorstellung

Sein Hauptwerk „Die Welt als Wille und Vorstellung"
beginnt mit einem kurzen und einfachen Satz:

„Die Welt ist meine Vorstellung" […]. [32]

Doch schon in dieser scheinbar simplen Feststellung
steckt eine Provokation. Wenn nämlich die ganze
Welt nur „meine Vorstellung" ist, dann bedeutet das,
dass ich die Welt vielleicht gar nicht so sehe, wie sie
wirklich ist, sondern eben nur so, wie ich sie mir vor-
stelle. Und genau das ist der Sinn dieses Satzes. Alle
Dinge, die wir für objektiv und real halten, verdan-
ken wir nur unserer Vorstellung von diesen Dingen:

Denn, daß das *objektive Daseyn* der Dinge bedingt sei durch ein sie Vorstellendes, und folglich die objektive Welt nur als *Vorstellung* existire, ist keine Hypothese, [...] sondern es ist die gewisseste und einfachste Wahrheit [...]. [33]

Die Welt besteht also zunächst einmal nur aus den Vorstellungen, die wir von ihr haben. So hat beispielsweise der Holzfäller, der einen großen Baum fällen muss, eine ganz andere Vorstellung von diesem Baum als die Kinder, die auf ihn hochklettern, und noch mal eine andere als das Liebespaar, das sich nachts unter dem Baum küsst. Ein und derselbe Baum und ein und dieselbe Welt werden sehr unterschiedlich wahrgenommen:

Die einzige Welt, welche Jeder wirklich kennt, und von der er weiß, trägt er in sich, als seine Vorstellung [...]. [34]

Deshalb reden wir auch so oft aneinander vorbei und sagen zum anderen: „Na, du hast vielleicht Vorstellungen" oder auch: „In was für einer Welt lebst du denn?" Schopenhauer zieht daraus nun eine erste Konsequenz:

[...] bei gleicher Umgebung lebt doch jeder in einer andern Welt. Weil nämlich Alles, was für den Menschen da ist, [...] immer nur in seinem Bewußtseyn da ist, [...] so ist offenbar die Beschaffenheit des Bewußtseyns selbst das zunächst Wesentliche [...]. [35]

Wie aber ist unser Bewusstsein beschaffen? Wie funktioniert es? Hinsichtlich seiner Erkenntnistheorie verweist Schopenhauer zunächst einmal auf Immanuel Kant, den er sehr schätzt. Kant hat bereits vor ihm nachgewiesen, dass wir Menschen die Welt nur als Vorstellung durch einen zweifachen Filter wahrnehmen können: erstens durch den Filter unserer räumlichen bzw. zeitlichen Anschauungsformen und zweitens durch den Filter unserer Denkkategorien. Wir ordnen nämlich alle Dinge, die wir sehen, immer schon in eine zeitliche Abfolge, eine räumliche Abstandsbestimmung und in eine logische Zuordnung ein, zum Beispiel in ein Ursache-Wirkungsgefüge. Wir sehen nämlich alles, ob wir wollen oder nicht, immer schon in einer zeitlichen Abfolge als etwas, das jetzt, später, vorher oder noch viel früher passiert ist. Und wir sehen alles dreidimensional räumlich als ein Nebeneinander, Hintereinander etc. Dann ordnen wir das Gesehene auch noch in logischen Dimensionen an, zum Beispiel als hölzernen, großen, schweren, grünen, umstürzenden Baum, der deshalb stürzt, weil der Holzfäller ihn zuvor mit der Axt an einer Stelle ausgedünnt hat. Aber das „Ding an sich", also wie der „Baum an sich" oder auch die „Welt an sich" ohne unsere Wahrnehmungsfilter aussehen würde, können wir nach Kant nicht wissen. Das bleibt ein Geheimnis. Genau an dieser Stelle geht Schopenhauer über Kant hinaus:

> Die letzten Grundgeheimnisse trägt der Mensch in seinem Innern, und dieses ist ihm am unmittelbarsten zugänglich; [36]

So hat der Mensch nicht nur eine Vorstellung von der Welt um sich herum, sondern auch von sich selbst und seinem Leib. Und eben dieser Leib verrät uns, dass hinter allen bewussten Vorstellungen von der Welt letztlich ein universeller Wille steht – der Wille zum Leben. Wir können somit sehr wohl auch das innerste Wesen der Dinge und der Welt erkennen. Denn unser Leib, beziehungsweise unser Körper, entschlüsselt uns das Geheimnis der Welt an sich. Im Unterschied zu den sonstigen Dingen empfinden wir unseren Leib nämlich auf zweifache Weise:

> [...] ein Mal als Vorstellung in verständiger Anschauung, als Objekt unter Objekten, [...] sodann aber zugleich auf eine ganz andere Weise, nämlich als [...] *Wille* [...]. [37]

Zum einen haben wir also von unserem Leib die übliche Vorstellung als einem „Objekt unter Objekten". Wir sehen ihn genau wie zum Beispiel unseren Kleiderschrank als ein Objekt mit einer bestimmten Größe und einem bestimmten Gewicht. Doch darüber hinaus, so Schopenhauer, empfinden wir unsere Leiblichkeit im Gegensatz zum Schrank noch auf

„eine zweite", viel intensivere und „unmittelbarere Weise": In Form von Hunger, Durst, Lust und Be- dürfnissen aller Art erfahren wir uns in unserer Leib- lichkeit als Triebwesen und Wille:

Jeder findet sich selbst als diesen Willen, in welchem das innere Wesen der Welt besteht [...]. [38]

Wenn wir solchermaßen in einem ersten Schritt den Willen in uns selbst als individuelle Gewissheit ent- deckt haben, dann können wir ihn in einem zweiten Schritt auch in der gesamten äußeren Natur wieder- erkennen:

Wer [...] mit mir diese Ueberzeugung gewonnen hat, dem wird sie, ganz von selbst, der Schlüssel werden zur Erkenntniß des Innersten Wesens der gesammten Natur, indem er sie nun auch auf alle jene Erscheinung überträgt, die ihm nicht [...] in unmittelbarer Erkenntniß [...] gegeben sind. [39]

Indem wir also unsere unmittelbare Gewissheit des eigenen Willens auf die anderen Menschen, die Tiere und letztlich die ganze Umwelt übertragen, erkennen wir ihn in der Welt um uns herum als ein und dieselbe Kraft:

Meine ganze Philosophie läßt sich zusammenfassen in dem einen Ausdruck: die Welt ist die Selbsterkenntniß des Willens. [40]

Die wahre Welt als blinder Wille

Hinter allen Erscheinungen der Welt – interessanterweise auch hinter allen Kräften und Bewegungen in der anorganischen Natur – steht nach Schopenhauer letztlich der universelle, unteilbarere und zeitlose

metaphysische Wille. Jedem Menschen kann es gelingen

[...] auch die Kraft, [...] welche den Magnet
zum Nordpol wendet, [...] ja, zuletzt sogar die
Schwere, welche in aller Materie so gewaltig
strebt, den Stein zur Erde und die Erde zur Sonne
zieht, [...] als das Selbe

zu erkennen, als jenes ihm
unmittelbar so intim [...]
Bekannte, was da, wo es am
deutlichsten hervortritt, *Wille*
heißt. [41]

Die Welt mutet zwar wegen unserer vielen Vorstellungen, die wir von ihr haben, auf den ersten Blick
sehr verschieden- und fremdartig an. Bei genauerer
Betrachtung besteht sie aber immer nur aus dem
dahinterstehenden Drang, den wir „unmittelbar" in
uns selbst spüren. In den physikalischen Prozessen
kann man ihn bereits entdecken, deutlicher in den
Pflanzen. Unübersehbar wird er in der Tierwelt:

[…] an der thierischen Natur wird es dann augenscheinlich, daß *Wille zum Leben* der Grundton ihres Wesens, die einzige unwandelbare und unbedingte Eigenschaft desselben ist. [42]

Wir mögen zwar als aufrecht gehende Menschen eine andere Gestalt als die Tiere haben und uns auch untereinander hinsichtlich der Charaktere zum Teil deutlich unterscheiden, doch letztlich tickt in uns allen dasselbe Uhrwerk. Aus Schopenhauers Perspektive sind wir nur „Puppen" in einem großen Welttheater. Als solche werden wir aber nicht von außen, also von einem Gott oder göttlichen Puppenspielern, bewegt, sondern eben von unserem inneren Uhrwerk:

Daher habe ich gesagt, daß jene Puppen nicht von außen gezogen werden, sondern jede das Uhrwerk in sich trägt, vermöge dessen ihre Bewegungen erfolgen. Dieses ist der *Wille zum Leben* […]. [43]

Dasselbe Uhrwerk des Willens tickt im Menschen, im Magneten, in der Pflanze und im Tier:

> Der Mensch ist, wie jeder andere Theil der Natur, Objektität des Willens [...]. [44]

Dabei hat der Wille im Laufe der Jahrtausende seinem inneren Wesen und seinen Antrieben auch äußere Gestalt gegeben:

> Zähne, Schlund und Darmkanal sind der objektivirte Hunger; die Genitalien der objektivirte Geschlechtstrieb. [45]

Allerdings gibt es bei Schopenhauer dann doch eine Besonderheit, zumindest einen graduellen Unterschied, der den Menschen ab einem bestimmten Zeitpunkt der Entwicklung aus der übrigen Natur heraushebt. Es ist das erdgeschichtlich sehr späte

Auftreten des Bewusstseins. Denn im Unterschied zu den physikalischen Kräften, zur Pflanze oder zum Tier, kann der Mensch das Uhrwerk, das ihn antreibt, auch noch selbst erkennen:

> [...] der Mensch ist die vollkommenste Erscheinung des Willens [...]. Im Menschen also kann der Wille zum [...] Erkennen seines eigenen Wesens [...] gelangen. [46]

Doch diese Selbsterkenntnis, dass wir alle vom blinden Willen angetrieben werden, ist per se noch keine Qualität, die uns von ihm befreit oder unser Leben völlig verändert. Genau wie die Tiere müssen wir trotz unserer Selbsterkenntnis weiterhin essen, trinken und sind von sexuellen Trieben im Dienste der Reproduktion bestimmt. Denn das Bewusstsein ist kein Befreier, sondern nur ein Diener, eine Art Werkzeug des Willens, um seine Triebe geschickter zu befriedigen:

der *Wille* [...] hat, zu seinen Zwecken, das Bewußtseyn hervorgebracht. [47]

Das Bewusstsein beziehungsweise der Verstand ist somit nur etwas Sekundäres. Der Wille hat ihn hervorgebracht, um sein Wollen besser umsetzen zu können. Schopenhauer vergleicht den Verstand deshalb auch mit einem Hammer, der vom Willen wie von einem Schmiedemeister als nützliches Werkzeug eingesetzt wird. Somit tritt der Verstand vor allem dann in Erscheinung, wenn sich die Triebe melden und etwas begehren:

Der Verstand des stumpfesten Menschen wird scharf, wann es sehr angelegene Objekte seines Wollens (zu ergattern) gilt [...]. [48]

Der Verstand ist also ein Hilfsmittel, das in der ganzen Natur zunächst überhaupt nicht vorkam, bis es irgendwann vom Willen hervorgebracht wurde:

Allein mit diesem Hülfsmittel [...] steht nun, mit einem Schlage, die *Welt als Vorstellung* da, mit allen ihren Formen [...]. Die Welt

zeigt jetzt die zweite Seite. Bisher bloß *Wille*, ist sie nun zugleich *Vorstellung* [...]. [49]

Die Entstehung des Verstandes hat dem Menschen im Kleinen geholfen, seinen Wünschen besser nachzugehen. Er konnte jetzt Fallen stellen, mit List und Tücke auf die Jagd gehen, Häuser und Brücken bauen. Doch im Großen hat die Entstehung des Verstandes das Dasein auch belastet, denn auf einmal hatten die Menschen eine Vorstellung von ihrem eigenen Tod:

> Den Menschen ausgenommen, wundert sich kein Wesen über sein eigenes Daseyn. [...] Seine Verwunderung ist aber um so

> ernstlicher, als es hier zum ersten Male mit Bewußtseyn *dem Tode* gegenübersteht und neben der Endlichkeit des Daseyns auch die Vergeblichkeit alles Strebens sich ihm [...] aufdringt. [50]

Das vom blinden Willen als Werkzeug hervorgebrachte Bewusstsein bedeutet letztlich keine Befreiung, sondern belastet das menschliche Dasein in doppelter Hinsicht. Zum einen führt es dem Menschen vor Augen, dass er, ob er will oder nicht, wieder sterben muss, zum anderen wird dadurch auch jedes Engagement bis zu diesem Zeitpunkt überschattet und in Frage gestellt.

Das sechsfache Leiden am blinden Willen

Der blinde Wille zum Leben verurteilt die Menschen gleich auf sechsfache Weise zum Leiden an der Welt. **Erstens** leiden wir an unseren elementaren Grundbedürfnissen. Hunger, Durst und sexuelle Begierden werden, so Schopenhauer, als „Mangel" empfunden. Wenn wir beispielsweise Durst haben, spüren wir leidvoll, dass es dem Körper an Flüssigkeit mangelt:

Alles *Wollen* entspringt aus Bedürfniß, also aus Mangel, also aus Leiden. Diesem macht die Erfüllung ein Ende; jedoch gegen einen Wunsch, der erfüllt wird, bleiben wenigstens zehn versagt [...]. [51]

Und selbst wenn wir alle unsere Wünsche für einen Augenblick befriedigen könnten, leiden wir **zweitens** an der Wiederkehr dieser Bedürfnisse. Denn jede Mahlzeit und jeder Sexualakt verschafft uns nur eine kurze Atempause, eine vorübergehende Befriedigung, bevor sich die Triebe erneut zu Wort melden:

[…] der erfüllte Wunsch macht gleich einem neuen Platz […]. Dauernde, nicht mehr weichende Befriedigung kann kein erlangtes Objekt des Wollens geben:

sondern es gleicht immer nur dem Almosen, das dem Bettler zugeworfen, sein Leben heute fristet, um seine Quaal auf Morgen zu verlängern. [52]

So verurteilt uns der blinde Wille zu ständigem Begehren und ständiger Unruhe:

[…] auf immer befriedigende Erfüllung giebt es für ihn nicht. Er ist das Faß der Danaiden […]. [53]

Mit dem „Faß der Danaiden" benutzt Schopenhauer ein Bild aus der griechischen Mythologie. Die Töchter des Danaidenkönigs ermordeten in der Brautnacht gemeinsam ihre Ehemänner und wurden deshalb von Zeus dazu verurteilt, lebenslang ein Fass mit Wasser aufzufüllen, das aber keinen Boden mehr hat. Der blinde Wille gleicht diesem „Fass der Danaiden", da auch er ständig nach neuer Nahrung und Genüssen verlangt, ohne dass wir jemals in der Lage wären, ihn für immer zu befriedigen. Aber, so könnte man einwenden, es ist doch auch schön, dass Hunger, Durst und Lust immer wieder aufs Neue entstehen. Gerade dieser Umstand ermöglicht es doch erst, dass wir wiederkehrende und nie versiegende Genüsse haben. Schopenhauer kritisiert diesen Einwand vehement:

Wer die Behauptung, daß, in der Welt, der Genuß den Schmerz überwiegt, oder wenigstens sie

einander die Waage halten, in der Kürze prüfen will, vergleiche die Empfindung des Thieres, welches ein anderes frißt, mit der dieses andern. – [54]

Drittens leiden wir an der Individuierung des blinden Willens in den einzelnen Lebewesen. Denn die verschiedenen Organismen geraten zwangsweise in einen existenziellen Streit, in einen Krieg aller gegen alle:

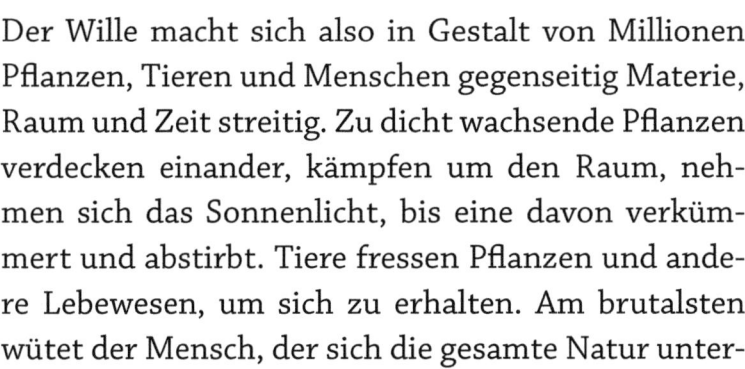

So sehn wir in der Natur überall Streit, Kampf und Wechsel des Sieges, und werden eben darin weiterhin die dem

Willen wesentliche Entzweiung mit sich selbst deutlicher erkennen. Jede Stufe der Objektivation des Willens macht der andern die Materie, den Raum, die Zeit streitig [...]. [55]

Der Wille macht sich also in Gestalt von Millionen Pflanzen, Tieren und Menschen gegenseitig Materie, Raum und Zeit streitig. Zu dicht wachsende Pflanzen verdecken einander, kämpfen um den Raum, nehmen sich das Sonnenlicht, bis eine davon verkümmert und abstirbt. Tiere fressen Pflanzen und andere Lebewesen, um sich zu erhalten. Am brutalsten wütet der Mensch, der sich die gesamte Natur unterworfen und zur Fabrikware gemacht hat. Er züchtet sogar Gemüse in Glashäusern und sperrt lebendige Tiere in Gatter und Ställe ein:

> [...] so daß der Wille zum Leben durchgängig [...] in verschiedenen Gestalten seine eigene Nahrung ist, bis zuletzt das Menschengeschlecht, weil es alle andern überwältigt, die Natur für ein Fabrikat zu

> seinem Gebrauch ansieht, das selbe Geschlecht jedoch auch [...] in sich selbst jenen Kampf, jene Selbstentzweiung des Willens zur furchtbarsten Deutlichkeit offenbart, und *homo homini lupus* wird. [...] [56]

An dieser Stelle verwendet Schopenhauer die berühmte Aussage des englischen Philosophen Thomas Hobbes: „Der Mensch ist dem Menschen ein Wolf". Denn die Menschen kämpfen als Völker um fruchtbare und ertragreiche Regionen, aber auch untereinander um ihre individuellen Vorteile. Das sieht man an „Kriegen", an der „Negersklaverei", besonders aber an der Ausbeutung der Menschen durch andere Menschen in den Fabriken, wo sie für wenig Geld stundenlange „mechanische Arbeit verrichten":

Dies aber ist das Schicksal von Millionen [...]. [57]

Da alle Lebewesen auf Stoffwechsel angewiesen sind, atmen, essen, trinken und daher eine aneignende Grundhaltung haben, gibt es kein Entkommen aus dem kannibalischen Weltgefüge. Alles verzehrt sich gegenseitig:

Im Grunde entspringt dies daraus, daß der Wille an sich selber zehren muß, weil außer ihm nichts da ist und er ein hungriger Wille ist. Daher die Jagd, die Angst und das Leiden. [58]

Für den „hungrigen Willen" auf unserem Planeten liefert uns Schopenhauer nun eine Vielzahl von anschaulichen und drastischen Beispielen. So beschreibt er unter anderem Spinnen, die nach der Befruchtung ihre männlichen Partner auffressen, Insekten, die ihre Eier in andere hineinspritzen, so dass die schlüpfenden Larven Letztere von innen heraus verzehren sowie Riesenschildkröten,

welche, um ihre Eier zu legen, vom Meere aus, dieses Weges gehn und dann von wilden Hunden (Canis rutilans) angepackt werden, die, mit vereinten Kräften sie auf den Rücken legen, ihnen den untern Harnisch,

also die kleinen Schilder des Bauches, aufreißen und so sie lebendig verzehren […]. Dieser ganze Jammer nun wiederholt sich tausend und aber tausend Mal, Jahr aus Jahr ein. Dazu werden also diese Schildkröten geboren. [59]

Das aber vielleicht eindrucksvollste Beispiel für die Individuierung und den Kampf des „hungrigen" und „blinden" Willens mit sich selbst gibt uns Schopenhauer mit der Beschreibung der Bulldog-Ameise:

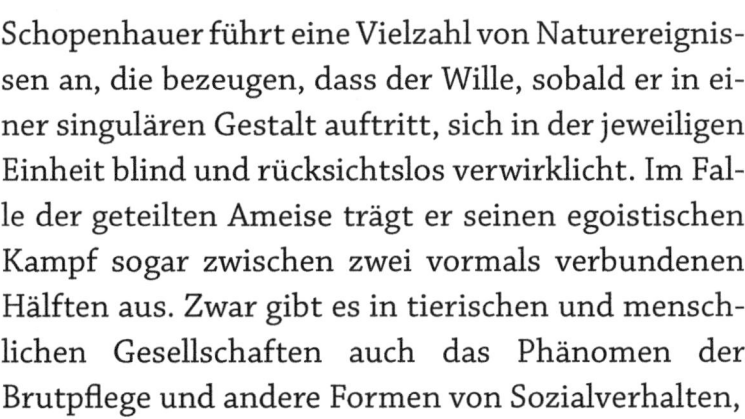

In dieser Art liefert aber das grellste Beispiel die Bulldogs-Ameise (bull-dog-ant) in Australien: nämlich wenn man sie durchschneidet, beginnt ein Kampf zwischen dem Kopf- und dem Schwanztheil: jener greift

diesen mit seinem Gebiß an, und dieser wehrt sich tapfer, durch Stechen auf jener: der Kampf pflegt eine halbe Stunde zu dauern, bis sie sterben, oder von andern Ameisen weggeschleppt werden. Der Vorgang findet jedesmal Statt. [60]

Schopenhauer führt eine Vielzahl von Naturereignissen an, die bezeugen, dass der Wille, sobald er in einer singulären Gestalt auftritt, sich in der jeweiligen Einheit blind und rücksichtslos verwirklicht. Im Falle der geteilten Ameise trägt er seinen egoistischen Kampf sogar zwischen zwei vormals verbundenen Hälften aus. Zwar gibt es in tierischen und menschlichen Gesellschaften auch das Phänomen der Brutpflege und andere Formen von Sozialverhalten,

> [...] aber, im Ganzen genommen, liegt [...] die Welt im Argen: die Wilden fressen einander und die Zahmen betrügen einander, und Das nennt man den Lauf der Welt. [61]

Die **vierte** große Leidensdimension ist die Sorge um die Zukunft. Dieses Leiden ist ein spezifisch menschliches, denn Pflanzen und Tiere kennen keine Angst vor Altersarmut oder etwaigen Bedrohungen in der Zukunft:

> Das Thier ist die verkörperte Gegenwart: [...]. Eben dieses, den Thieren eigene, *gänzliche Aufgehn in der Gegenwart* trägt viel bei zu der Freude, die wir an unseren Hausthieren haben [...]. [62]

Hat ein Tier genug gegessen und getrunken, strahlt es Ruhe und Zufriedenheit aus. Der Mensch hingegen denkt schon an morgen und sorgt sich um seinen künftigen Hunger. Auch hat er immer eine Hauptsorge, die ihm das Leben erschwert, sei es ein unerfüllter Wunsch oder Angst vor Armut und Krankheit:

[...] wenn eine große, uns beklemmende Besorgniß endlich, durch den glücklichen Ausgang, uns von der Brust gehoben wird, alsbald an ihre Stelle eine andere tritt [...]. [63]

Und auch wenn der Inhalt dieser anderen Sorge objektiv betrachtet weitaus geringfügiger ist als der Stoff der vorausgegangenen, so weiß er doch sich so aufzublähen, daß er ihr an scheinbarer Größe gleichkommt und so als Hauptbesorgniß [...] den Thron vollkommen ausfüllt. [64]

Für jede vergangene Hauptsorge nimmt also bald eine neue den Thron ein. Die Tatsache, dass sich der Mensch generell um seine Zukunft sorgt, verkörpert somit das vierte große Leiden an der Welt. Die **fünfte** Dimension des Leidens macht sich erstaunlicherweise genau dann bemerkbar, wenn ein Mensch gerade mal keine Sorgen hat. Wenn beispielsweise ein Familienvater alle möglichen künftigen Bedürfnisse für sich, seine Frau und seine Kinder durch großen Reichtum und Macht lebenslang und in Überfülle sicherstellen kann, hat er zwar „ausgesorgt", doch jetzt erwartet ihn eine Bedrohung ganz neuer Art – die Langeweile. Das Gefährliche an der Langeweile besteht darin, dass man nicht mehr beschäftigt ist. Das Dasein kommt nun zu sich selbst und hat auf einmal kein konkretes Ziel mehr. An die Stelle der rastlosen Besorgungen tritt eine unheimliche Ruhe. Die Zeit vergeht nicht mehr:

> Eben so werden wir bei der Langeweile der Zeit inne, bei der Kurzweil nicht. Beides beweist, daß unser Daseyn dann am glücklichsten ist, wann wir es am wenigsten spüren: woraus folgt, daß es besser wäre, es nicht zu haben. – [65]

Das Dasein macht jetzt die leidvolle Erfahrung, dass sein einziger Lebenssinn in der mühevollen Erhaltung desselben besteht und es darüber hinaus keinen hat:

> Daß hinter der *Noth* sogleich die *Langeweile* liegt, welche sogar die klügeren Tiere befällt, ist eine Folge davon, dass das Leben keinen *wahren ächten Gehalt* hat. [66]

Hier gibt uns Schopenhauer den Hinweis, dass die Langeweile auch die „klügeren Tiere befällt". Tatsächlich leiden oftmals Zoo-Tiere, die nicht mehr für ihr tägliches Überleben Sorge tragen müssen, an Langeweile, werden neurotisch oder apathisch. Menschen fürchten oft aus demselben Grund den Tag ihrer Verrentung. Viele bekommen sogar schon in jungen Jahren Panik und sorgen aus Angst vor langeweile mit einem vollen Terminkalender für lückenlose Beschäftigung:

[…] sobald aber diese stockt, tritt die gänzliche Kahlheit und Leere des Daseyns zu Tage. [67]

Der leidvoll erlebte Zustand der „Kahlheit und Leere des Daseyns" ist für Schopenhauer ein weiteres Indiz dafür, dass das Leben an sich selbst keinen Wert besitzt und ausschließlich vom blinden Willen angetrieben wird:

Wenn nämlich das Leben [...] einen positiven Wert und realen Gehalt in sich selbst hätte; so könnte es gar keine Langeweile geben [...]. [68]

Aus dem Leiden gibt es somit keinen Ausweg, denn entweder jagen wir vergeblich der Befriedigung unserer Bedürfnisse hinterher oder wir können sie befriedigen und verfallen der Langeweile:

[...] denn zwischen Schmerz und Langeweile wird jedes Menschenleben hin- und hergeworfen. [69]

Selbst die von den Dichtern vielbeschworenen Freuden der Liebe gewähren keine wirkliche Entlastung. Letztlich ist auch die Liebe nur eine verheißungsvolle Täuschung:

> Denn alle Verliebtheit, wie ätherisch (fein) sie sich auch gebärden mag, wurzelt allein im Geschlechtstriebe [...]. [70]

Und der Geschlechtstrieb dient wiederum in erster Linie der Arterhaltung. Gleichwohl treibt er die Männer in die Ehe. Doch, so Schopenhauer, spätestens nachdem die Frauen Kinder geboren haben, verlieren sie ihren Liebreiz und schon nach kurzer Zeit verfliegt die Illusion der Liebe:

> Jene wird dadurch bei ihm eine Quelle langer Leiden und kurzer Freuden [...]. [71]

Die Ehe ist aber nur ein Nebenschauplatz in der Tragikomödie des Lebens. Die **sechste** und vielleicht größte Zumutung ist der Tod und somit die Tatsache, dass

das Leben [...] nur ein fortdauernd gehemmtes Sterben, ein immer aufgeschobener Tod ist; [72]

Dadurch wird unser ganzes Handeln fragwürdig. Was wir auch tun und bewirken, wir leben immer nur auf Kredit und dieser Kredit unserer Lebenszeit schmilzt unaufhörlich:

Jeden Abend sind wir um einen Tag ärmer. [73]

Als Kinder spüren wir diese Last noch nicht. Wir sitzen hinsichtlich unseres eben erst begonnenen Lebens wie vor einem großen Theatervorhang und warten ungeduldig und voller Vorfreude auf die Dinge, die zum Vorschein kommen, wenn er sich endlich öffnet:

Ein Glück, daß wir nicht wissen, was wirklich kommen wird. [74]

Auch die Jugendlichen sind in der Regel noch sehr gut in der Lage, den Tod zu verdrängen und weit von sich zu weisen:

Die Heiterkeit und der Lebensmuth unserer Jugend beruht zum Theil darauf, daß wir bergauf gehend, den Tod nicht sehn, weil er am Fuß der andern Seite des Berges liegt. [75]

Doch schon mit sechsunddreißig Jahren, so Schopenhauer, überschreiten wir den Gipfel und erkennen immer deutlicher, was da auf der anderen Seite auf uns wartet. In seiner bildhaften Sprache vergleicht Schopenhauer die Menschen und ihre Lebensentwürfe auch mit Schiffen, die voller Hoffnung ihre Segel setzen und auf das offene Meer hinausfahren, um neue Länder zu entdecken, Macht, Ruhm und Ehre zu erwerben:

[...] in der Regel aber läuft zuletzt Jeder schiffbrüchig und entmastet in den Hafen ein [...]. Dann aber ist es auch einerlei, ob er glücklich oder unglücklich gewesen, in einem Leben, welches bloß aus dauerloser Gegenwart bestanden hat und jetzt zu Ende ist. [76]

Irgendwann kommen wir also alle mit gebrochenen Masten und zerschlissenen Segeln in den Hafen zurück. Ob wir erfolgreich waren oder nicht, spielt keine Rolle mehr. Denn so sehr wir uns auch angestrengt haben, am Ende wartet auf alle der Tod:

Und so ist denn der Lebenslauf des Menschen, in der Regel, dieser, daß er, von der Hoffnung genarrt, dem Tode in die Arme tanzt. [77]

Fazit: Der blinde Wille lässt uns auf sechsfache Weise leiden: Erstens laufen wir unseren Bedürfnissen hinterher, zweitens kommen diese immer wieder zurück, drittens sorgen wir uns auch noch um zukünftige Bedürfnisse, viertens verwickelt uns der individuierte Wille in einen Krieg aller gegen alle, fünftens pendeln wir zwischen Not und Langeweile hin und her und sechstens überschattet der Tod unseren Lebenswillen.

Der blinde Wille in der Geschichte

Ähnlich wie sich der blinde Wille in einzelnen Individuen verwirklicht, entfaltet er sich auch in der Weltgeschichte:

Versucht man die Gesammtheit der Menschenwelt in Einem Blick zusammenzufassen; so erblickt man überall einen rastlosen Kampf, ein gewaltiges

Ringen, mit Anstrengung aller Körper- und Geisteskräfte, um Leben und Daseyn [...]. [78]

In der historischen Entwicklung ist letztlich kein wirklicher Fortschritt ersichtlich. Der blinde Wille führt im Laufe der Jahrhunderte in regelmäßigen Abständen zu Konflikten, zu Unterdrückung und Aufständen:

Die Geschichte zeigt uns das Leben der Völker, und findet nichts, als Kriege und Empörungen zu erzählen: die friedlichen Jahre erscheinen nur als kurze Pausen, Zwischenakte, dann und wann ein Mal. [79]

Da der Frieden nur der Ausnahmezustand ist, und, wie Schopenhauer sagt, nur „dann und wann ein Mal" eintritt, stellt sich die Frage, warum das so ist. Schließlich könnten die Menschen doch aus dem Leid ihre Konsequenzen ziehen. Auch Schopenhauer stellt diese Frage, bleibt aber pessimistisch. Es gibt zwar zu allen Zeiten einzelne Weise, die in der Lage sind, aus der Geschichte zu lernen, aber sie bewirken wenig oder gar nichts:

> Im Allgemeinen [...] haben die Weisen aller Zeiten immer das Selbe gesagt; und die Toren, d.h. die unermeßliche Majorität aller Zeiten, haben immer das Selbe, nämlich das Gegentheil gethan: und so wird es denn auch ferner bleiben. [80]

Und weil die Mehrheit seit jeher das Gegenteil von dem tut, was die Weisen empfehlen, kann es keinen wirklichen Fortschritt geben. Zu stark ist der Egoismus und der Streit der Menschen untereinander. Auch der Staat, der von so vielen Denkern der politischen Theorie als Fortschritt gefeiert wird, weil er die Individuen untereinander zum Gewaltverzicht und Frieden bringt, ist nach Schopenhauer kein wirklicher Garant für Harmonie:

> [...] der Zwist der Individuen (ist) nie durch den Staat völlig aufzuheben, da er im Kleinen neckt, wo er im Großen verpönt ist; [81]

Der ewige Kampf, der die Menschheit seit Anbeginn der Zeit begleitet, findet seinen mythologisch Ausdruck in der antiken Göttin Eris, der Göttin des Streites. Eris ist, so Schopenhauer, unsterblich und kann auch durch vernünftige Gesetze und Regeln niemals vertrieben werden:

Als Streit der Individuen durch die Staateinrichtung verbannt, kommt sie (Eris) von außen als Krieg der Völker wieder und fordert nun im Großen [...] die blutigen Opfer ein [...]. [82]

Aber selbst wenn es uns gelingen sollte, in den nächsten Jahrhunderten wider Erwarten aus der Geschichte zu lernen und keine Kriege mehr führen, wäre auch dies nach Schopenhauer kein Ausweg aus dem Leiden:

> Ja, gesetzt, auch dieses Alles wäre endlich, durch eine auf die Erfahrung von Jahrtausenden gestützte Klugheit, überwunden und beseitigt; so würde am Ende die [...] Uebervölkerung des ganzen Planeten das Resultat seyn,

> dessen entsetzliche Uebel sich jetzt nur eine kühne Einbildungskraft zu vergegenwärtigen vermag. [83]

An dieser Warnung vor den „entsetzlichen Übeln" der Übervölkerung sieht man wieder Schopenhauers Pessimismus, zugleich aber auch seine erstaunlich zutreffende Einschätzung der Macht des blinden Willens. Die von ihm vorausgesagte Bedrohung des „ganzen Planeten durch Übervölkerung" ist inzwischen in Form von Hungersnöten, Migrationsströmen, Umweltzerstörung, Kriegen um Rohstoffe, Territorien und Wasser tatsächlich eingetreten. Besonders bedenklich ist in diesem Zusammenhang Schopenhauers Verdacht, dass in der Menschheitsgeschichte immer das Gegenteil von dem getan wird, was die Weisen empfehlen.

So hat etwa der Club of Rome bereits 1972 in seiner berühmten Studie *Die Grenzen des Wachstums* eindringlich davor gewarnt, dass ein weiteres Wachstum der Weltbevölkerung und der Wirtschaft zum ökologischen Kollaps führen wird, und eine nachhaltige Bevölkerungspolitik gefordert. Das Gegenteil ist passiert. Seit der Warnung der Wissenschaftler im Jahr 1972 ist die Menschheit von 3,8 Milliarden auf 7,3 Milliarden angewachsen und wird nach UN-Angaben bis 2050 sogar die 10 Milliarden-Marke überschreiten. Der Sexualtrieb ist nach Schopenhauer eine so tiefe und heftige Objektivation des blinden Willens, dass ihm auch künftig kein Einhalt zu gebieten ist.

Schopenhauers großer philosophischer Gegenspieler Hegel hatte die Geschichte noch als ständige, vernünftige und moralische Höherentwicklung der Völker und Kulturen betrachtet. Wenn dies aber wirklich so wäre, entgegnet ihm Schopenhauer, dann müsste man es doch irgendwie sehen können:

[...] der oft wiederholten Lehre von einer fortschreitenden Entwickelung der Menschheit zu immer höherer Vollkommenheit [...]

stellt sich die Einsicht *a priori* entgegen,
daß bis zu jedem gegebenen Zeitpunkt
bereits eine unendliche Zeit abgelaufen
ist, folglich Alles, was mit der Zeit
kommen sollte, schon daseyn müßte; [84]

Es ist laut Schopenhauer aber weder politisch, moralisch noch sittlich ein wirklicher Fortschritt von den barbarischen Anfängen mit all ihren Ritualen bis heute festzustellen. Man feiert zwar die Höflichkeit und die Etikette als Höherentwicklung. Schopenhauer aber sieht keinen wesentlichen Unterschied zwischen den Urwaldtänzen der Wilden und den Feierlichkeiten an den Fürsten- und Königshöfen:

Auch die Pracht und Herrlichkeit der Großen,
in ihrem Prunk und ihren Festen, ist doch im
Grunde nichts, als ein vergebliches Bemühen,
über die wesentliche Armsäligkeit unseres
Daseyns hinaus zu kommen. [85]

Über die „wesentliche Armsäligkeit unseres Daseyns" kommen letztlich weder die großen noch die kleinen Leute hinaus. Und auch in Zukunft verspricht die Geschichte keine Besserung:

> Die wahre Philosophie der Geschichte besteht nämlich in der Einsicht, dass man, bei allen diesen endlosen Veränderungen und ihrem Wirrwarr doch stets nur das selbe, gleiche und unwandelbare Wesen vor sich hat, welches heute das Selbe treibt, wie gestern und immerdar [...]. [86]

> Durchgängig und überall ist das ächte Symbol der Natur der Kreis [...]. [87]

Wir drehen uns also im Kreis. Unser Verstand kann die Geschichte als Objektivation des blinden Willens nicht beeinflussen oder verbessern. Völker, Kulturen und Menschen steigen auf, leben eine Weile und gehen wieder unter. Aus ihrer Asche entstehen neue Völker und neue Individuen:

> Jedes Individuum [...] und dessen Lebenslauf ist nur ein kurzer Traum mehr des unendlichen Naturgeistes, des beharrlichen Willens zum Leben, [...] das er [...] diese verschwindend kleine Weile bestehn läßt, dann auslöscht, neuen Platz zu machen. [88]

Der blinde Wille und Gott

Warum aber tut der blinde Wille das? Warum verwirklicht er sich überhaupt im Menschen und den
ganzen anderen Organismen, wenn das alles keinen
Zweck und kein Ziel hat? Und vor allem – wozu ver-
anstaltet er auf dem ganzen Planeten dieses kanni-
balische Fressen und Gefressenwerden der Pflanzen,
Tiere und Menschen? Auch Schopenhauer stellte
sich diese Frage:

Wozu die ganze Gräuelscene?
Darauf ist die alleinige Antwort:
so objektivirt sich der *Wille zum
Leben*. [89]

Mehr als diese Feststellung, dass der Wille sich eben
genau so und nicht anders verwirklicht, ist nicht
möglich. Aber, so Schopenhauer, die Menschen tun
sich schwer, diese einfache Wahrheit zu akzeptieren.
Seit jeher suchen sie nach einer schöneren Erklärung:

Daraus ist es entstanden, daß der menschliche Geist [...] sich [...] noch eine imaginäre Welt schafft [...]. Dämonen, Götter und Heilige [...] nach seinem eigenen Bilde; diesen müssen

dann unablässig Opfer, Gebete, [...] Gelübde und deren Lösung [...] dargebracht werden. [90]

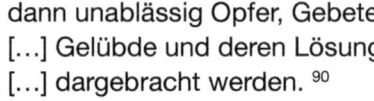

Jeder Mensch, so Schopenhauer, hat nämlich ein Bedürfnis nach einer umfassenden Sinnerklärung:

Tempel und Kirchen, Pagoden und Moscheen, in allen Landen [...] zeugen vom metaphysischen Bedürfniß des Menschen [...]. [91]

So verwundert es nicht, dass bereits mit dem allererersten Aufkommen des Bewusstseins religiöse Erklärungen für den Sinn des Lebens und des Sterbens gegeben wurden. Die tröstliche Antwort des Korans und der Bibel war letztlich die gleiche: Der Mensch muss nicht sterben, sondern lebt, wenn er gläubig ist, im Jenseits weiter. Ein allmächtiger, liebevoller Gott, so verkünden die Religionen, hat die Welt geschaffen, um die Menschen zu prüfen und später mit dem ewigen Leben zu belohnen. Doch solcherlei Erklärungen haben, so Schopenhauer, seit jeher ein sogenanntes „Theodizee-Problem". Sie können letztlich nicht erklären, warum der liebende und allmächtige Schöpfergott das Leid, die Krankheiten und die Naturkatastrophen erschaffen hat. Als Theodizee bezeichnet man, abgeleitet vom griechischen Wortstamm theos = Gott und dike = Rechtfertigung, den Versuch, Gott zu rechtfertigen, hinsichtlich des von ihm verursachten oder zugelassenen Übels.

Den letzten großen Versuch einer solchen Theodizee unternahm der deutsche Philosoph Leibniz in seiner berühmten Theorie von der „besten aller möglichen Welten": Gott hätte zwar, so Leibniz, die Welt mit Krankheiten, Tod, Schmerz und sogar der Möglichkeit moralischer Verfehlung ausgestattet, doch sei dies immer noch die beste aller möglichen Welten gewesen, die er jemals hätte erschaffen können. Denn ohne Krankheit würden wir die Gesundheit nicht schätzen, ohne Krieg nicht den Frieden und ohne das Böse nicht das Gute. Schopenhauer bezeichnet Leibniz aufgrund dieser Theorie als den „Begründer des systemischen Optimismus" [92] und kritisiert ihn aufs Heftigste. Von der besten aller möglichen Welten und einem Meisterwerk Gottes zu sprechen, sei angesichts der realen Welt eine schreiende Absurdität:

Und dieser Welt, diesem Tummelplatz gequälter und geängstigter Wesen, welche nur dadurch bestehn, daß eines das andere verzehrt, wo daher jedes reißende Thier das lebendige Grab tausend anderer […] ist, wo sodann mit der Erkenntniß die Fähigkeit Schmerz

zu empfinden wächst, welche daher im Menschen ihren höchsten Grad erreicht […] – dieser Welt hat man das System des *Optimismus* anpassen und sie uns als die beste unter den möglichen andemonstriren wollen. Die Absurdität ist schreiend. [93]

Schopenhauer hält Leibniz schroff seine eigene These entgegen. Die Welt sei nicht die beste, sondern im Gegenteil sogar die schlechteste aller möglichen Welten:

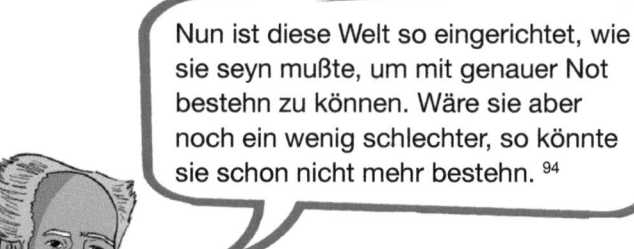

Nun ist diese Welt so eingerichtet, wie sie seyn mußte, um mit genauer Not bestehn zu können. Wäre sie aber noch ein wenig schlechter, so könnte sie schon nicht mehr bestehn. [94]

Die Welt ist also gerade so schlecht, dass wir sie noch irgendwie ertragen können. Wäre sie noch einen Tick schlechter, könnten wir nicht mehr darin existieren. Schopenhauer war überzeugter Atheist. Er kritisiert die religiöse Auffassung, wonach alles Leiden auf der Welt eine Prüfung oder Strafe Gottes ist. Wenn dies wirklich so sei, müsse man auch erklären, warum Gott seit jeher die Tiere so hart bestraft.

Letztlich, so Schopenhauer, muss jede Theodizee an der Erklärung des Leidens in der Welt scheitern.

Denn ein allmächtiger, liebender Gott kann nicht zugleich der Verursacher des Leides sein. Wenn er das Leiden erschaffen hat, muss er dafür auch die Verantwortung übernehmen. Am besten gefällt Schopenhauer daher noch der hinduistische Schöpfungsmythos:

Brahma bringt durch eine Art Sündenfall, oder Verirrung, die Welt hervor, bleibt aber dafür selbst darin, es abzubüßen, bis er sich daraus erlöst hat. – Sehr gut! [95]

Im Gegensatz dazu erscheint ihm der Schöpfungsmythos des Alten Testaments „unerträglich":

Aber so ein Gott [...], der diese Welt der Not und des Jammers hervorbringt, und dann noch gar sich selber Beifall klatscht, mit [...] Alles war sehr gut: I. Mose, I, 31 - Das ist nicht zu ertragen. [96]

Letztlich kritisiert Schopenhauer jede religiöse Schöpfungsgeschichte als Spekulation. Auch die Beschreibungen des Paradieses und der Hölle erscheinen ihm doch sehr „menschengemacht". Dies gelte auch für die weltweit bedeutendste und brillanteste Schilderung der Hölle, der „Divina Commedia", der „Göttlichen Komödie" des Dichters Dante Alighieri von 1321. So hätte sich Dante allzu menschlicher Vorbilder bedient:

Woher denn anders hat *Dante* den Stoff zu seiner Hölle genommen, als aus dieser unserer wirklichen Welt? Und doch ist es eine recht ordentliche Hölle

geworden. Hingegen als er an die Aufgabe kam, den Himmel und seine Freuden zu schildern, da hatte er eine unüberwindliche Schwierigkeit vor sich; weil eben unsere Welt gar keine Materialien zu so etwas darbietet. [97]

Dantes Beschreibung des Himmels blieb daher im Gegensatz zu seiner recht lebendigen Hölle äußerst blass. Sie erschöpfte sich in ein paar Zitaten von alten Kirchenvätern. Schopenhauer notiert bereits als Jugendlicher in seinem Reisetagebuch:

Wenn ein Gott diese Welt gemacht hat, so möchte ich nicht der Gott seyn, ihr Jammer würde mir das Herz zerreißen. [98]

Natürlich hat sich Schopenhauer als Atheist auch gefragt, worin denn dann die Bedeutung des Lebens besteht, wenn es keinen Gott gibt. Seine Antwort ist eindeutig:

Wozu aber die ganze Tragikomödie dasei, ist nicht entfernt abzusehn; da sie keine Zuschauer hat und die Akteurs selbst unendliche Plage ausstehen, bei wenigem […] Genuß. [99]

Der Sinn der ganzen Tragikomödie unseres Lebens ist also nicht abzusehen, da sie keine Zuschauer hat.

Weder Gott noch der Teufel, noch irgendwelche Außerirdische schauen zu oder haben alles inszeniert. Und wir, die Akteure, müssen ein Leben lang unsere leidvolle Rolle spielen. Wir sind dafür aber auch niemandem zu Dank verpflichtet, erst recht keinem Schöpfergott, wie ihn die Theologen und Pfarrer von der Kanzel herab predigen:

Der Arzt sieht den Menschen in seiner ganzen Schwäche; der Jurist in seiner ganzen Schlechtigkeit; der Theolog in seiner ganzen Dummheit. [100]

Wir dürfen uns von der Religion aber nicht „dumm" machen lassen. Leben heißt Leiden. Darüber kann uns weder ein Schöpfergott hinwegtrösten, noch können wir dies einem bösen Geist oder Teufel anlasten. Warum sich der metaphysische Wille zum Leben in uns verwirklicht, wissen wir nicht. Wir wissen nur, dass er es tut.

[…] so objektivirt sich der *Wille zum Leben.* [101]

Wenn wir aber die Kraft haben, dies anzuerkennen, die Welt und unsere eigene Natur als das zu sehen, was sie wirklich ist, als „blinden Willen", ohne übergeordneten Sinn, dann können wir erheblich besser mit den Herausforderungen des Lebens umgehen.

Das Mitleid als Grundlage der Ethik

Wie alle großen Philosophen, hat auch Schopenhauer eine eigene Ethik geschrieben, also eine Lehre, wie man gut und richtig handelt. Auf den ersten Blick erscheint dies unmöglich. Wie sollen wir ethisch gut handeln, wenn wir ständig vom „hungrigen Willen" angetrieben werden? Hat nicht Schopenhauer selbst ausführlich den Egoismus als Grundhaltung des

Menschen dargestellt und die Beziehung zwischen den Menschen als einen Kampf aller gegen alle beschrieben?

Er bleibt auch bei dieser Darstellung. Dennoch zeigt uns Schopenhauer eine Möglichkeit, zumindest zeitweise uneigennützig zu handeln. Diese Möglichkeit leitet Schopenhauer konsequent aus seiner Metaphysik des Willens ab. Der Mensch handelt dann uneigennützig und gut, wenn er den universellen Willen, der ihn antreibt, auch in den anderen Lebewesen erkennt. Er spürt dann, dass auch diese, genau wie er selbst, nur Getriebene sind, die an der Nicht-Erfüllung ihrer Lebenswünsche und Bedürfnisse leiden. Intuitiv empfindet er Mitleid. Im besten Fall gelingt es ihm sogar, sich ganz in das Leid eines anderen hineinzuversetzen:

[...] das Leiden, welches er an Andern sieht, geht ihn fast so nahe an, wie sein eigenes: er sucht daher das Gleichgewicht zwischen beiden herzustellen, versagt sich Genüsse, übernimmt Entbehrungen, um fremde Leiden zu mildern. [102]

Moralisch gutes Handeln entspringt nach Schopenhauer also dem Wunsch, „fremdes Leiden zu mildern". Da wir aber gleichzeitig von Natur aus egoistisch an unserem eigenen Überleben und Wohlsein interessiert sind, ergibt sich folgende Handlungsmaxime:

> Betreibe dein Wohlsein so, daß die andern möglichst wenig darunter leiden. [103]

Dies gilt bei Schopenhauer auch für Tiere:

> Mitleid mit Thieren hängt mit der Güte des Charakters so genau zusammen, dass man zuversichtlich behaupten darf, wer gegen Thiere grausam ist, könne kein guter Mensch seyn. [104]

Indem wir anderen Wesen helfen und egoistische Bedürfnisse hintanstellen, handeln wir moralisch. Das
Phänomen des Mitleids ist aber, darauf legt Schopenhauer großen Wert, nicht das Ergebnis einer christ-
lichen oder humanistischen Erziehung und schon
gar nicht die Befolgung des kategorischen Impera-
tives von Immanuel Kant, sondern einzig und allein
die Wahrnehmung unserer eigenen inneren Natur:

Dieses Mitleid [...] beruht nicht auf
Voraussetzungen, Begriffen, Religionen,
Dogmen, Mythen, Erziehung und
Bildung; sondern [...] liegt in der
menschlichen Natur selbst [...]. [105]

Sobald wir nämlich hautnah mit dem Leid unseres
Nachbarn konfrontiert werden, meldet sich unser
natürlicher Selbsterhaltungstrieb, also unser Wille
zum Leben, und gibt uns zu verstehen, dass er sich
in unserem Nachbarn bedroht fühlt. Der Mensch erkennt in diesem Moment seinen eigenen Willen zum
Leben auch im Anderen:

Er wird inne, dass der Unterschied zwischen ihm und Andern, [...] nur einer vergänglichen täuschenden Erscheinung angehört: er erkennt, unmittelbar und ohne Schlüsse, dass das Ansich seiner eigenen Erscheinung auch das der fremden ist, nämlich jener Wille zum Leben, welcher [...] in Allem lebt; [106]

So erklärt sich nach Schopenhauer auch das Phänomen der Liebe. Wenn es sich bei der Liebe nicht nur um rein sexuelle Anziehung handelt, sondern darüber hinaus um eine selbstlose Zuwendung, dann ist auch die Liebe letztlich Mitleid, eine Form des anteilnehmenden Wiedererkennens im Anderen:

Hieraus aber ergiebt sich, dass die reine Liebe [...] ihrer Natur nach Mitleid ist; [107]

Allerdings, so Schopenhauer, gelingt die Anteilnahme am Schicksal des Anderen im Alltag nur in „seltenen" Fällen. Zumeist führt der Wille zum Leben nicht zum Mitleid, sondern bleibt beim Egoismus hängen. Der Mensch ist deshalb auch geneigt, seinen eigenen Schmerz erst einmal zu verbergen,

weil er weiß, daß Andere selten Theilnahme oder Mitleid, fast immer aber Befriedigung durch die Vorstellung der Plagen, von denen sie gerade jetzt verschont sind, dabei empfinden müssen; [108]

Der Mensch empfindet also, so Schopenhauer, oft auch eine gewisse Befriedigung, wenn er den Anderen leiden sieht, weil er dann sein eigenes Leid als vergleichsweise weniger schlimm besser verkraften kann. Mitleid und Anteilnahme greifen deshalb keineswegs immer. In der Regel sind und verbleiben die Menschen als Egoisten im konkurrierenden Kampf um das Überleben und um das eigene Wohlsein:

Die Haupt- und Grundtriebfeder im Menschen, wie im Thiere, ist der *Egoismus*, d.h. der Drang zum Daseyn und Wohlseyn. [...] Dieser *Egoismus* ist, im Thiere, wie im Menschen, mit dem innersten Kern und

Wesen desselben aufs genaueste verknüpft, ja eigentlich identisch [...]. Der *Egoismus* also ist die erste und hauptsächlichste [...] Macht, welche die *moralische Triebfeder* zu bekämpfen hat. [109]

Dieser innere Machtkampf zwischen der moralischen und der egoistischen Triebfeder, also zwischen Mitleid auf der einen und Mißgunst, Neid und Schadenfreude auf der anderen Seite, geht leider oft zu Gunsten des Egoismus aus, da der Mensch den Willen zum Leben in sich „unmittelbar" spürt, im Anderen aber nur „mittelbar, durch die Vorstellung". [110]

Die dreifache Überwindung des Willens in Kunst, Theater und Askese

Schopenhauer fasst das Ergebnis seiner Betrachtung des Willens in einem Satz zusammen:

Darum nun, solange unser Bewußtseyn von unserm Willen erfüllt ist, solange wir dem Drange der Wünsche, mit seinem steten Hoffen und Fürchten, hingegeben sind, solange wir

Subjekt des Wollens sind, wird uns nimmermehr dauerndes Glück, noch Ruhe. [111]

Aus diesem ruhelosen Getriebensein durch unser Wollen gibt es nur drei mögliche Auswege. Der erste Ausweg ist die Kunst und der Kunstgenuss. Wenn wir nämlich ein Kunstwerk betrachten und es auf uns wirken lassen, haben wir plötzlich kein direktes Ziel mehr:

Dieser Zustand ist [...] reine Kontemplation, Aufgehn in der Anschauung, Verlieren ins Objekt, Vergessen aller Individualität [...]. [112]

Kunst ist im Grunde ein interesseloses Wohlgefallen. Das heißt, wir sind für den Moment der Kunstbetrachtung nicht mehr von unserem Willen gesteuert. Denn der Wille hat ja immer ein konkretes Ziel. Haben wir beispielsweise Hunger, wollen wir etwas essen, sind wir lustvoll gestimmt, suchen wir nach sexueller Erfüllung. Der Reiz des Kunstwerkes im Museum ist aber ein ganz anderer. Weder können wir das Kunstwerk essen, noch für andere Triebe nutzbar machen. Der rein ästhetische Genuss hat eine andere und neue Dimension:

> [...] wir sind, für jenen Augenblick, des schnöden Willensdranges entledigt, wir feiern den Sabbath der Zuchthausarbeit des Wollens, das Rad des Ixion steht still. [113]

Das Rad des Ixion, das beim Kunstgenuss stillsteht, ist ursprünglich ein Folterinstrument aus der griechischen Mythologie. König Ixion wollte im Weinrausch Hera, die Frau des Göttervaters Zeus, verführen. Zur Strafe wurde Ixion von Zeus an ein ewig sich drehendes Feuerrad gefesselt. Im Kunstgenuss werden wir, gemäß Schopenhauers Gleichnis, vom Feuerrad des blinden Willens befreit, wir feiern den Sabbat, den arbeitsfreien Sonntag von der alltäglichen und lebenslangen Zwangsarbeit unseres Wollens. Im Kunstgenuss, sei es nun in einem zeitlos schönen Bild oder einer vollendeten Statue, können wir unser „Ego" endlich einmal vergessen und hinter uns lassen. Auch die Künstler stellen in ihren Werken nicht nur ihr eigenes Wollen dar, sondern versuchen hinter allen Erscheinungen das zeitlos Wahre und Schöne herauszuarbeiten. Sie zeigen in ihren Bildern beispielsweise nicht nur schöne Menschen oder schöne Landschaften, sondern versuchen die Idee des Schönen selbst zu erfassen:

> [...] so ist *Genialität* nichts Anderes, als die vollkommenste *Objektivität*, d.h. [...] die Fähigkeit, [...] sein Wollen, seine Zwecke ganz aus den Augen zu lassen, [...] um als *rein erkennendes Subjekt*, klares Weltauge, übrig zu bleiben [...]. [114]

Noch intensiver ist dieser Effekt in der Musik. Wenn wir eine ergreifende Komposition hören, können wir ganz in der Musik aufgehen. Doch anders als die bildnerische Kunst, die uns auf zeitlose Ideen verweist und vom alltäglichen Wollen wegführt, betont die Musik die Allgegenwart des Willens:

> Die Musik ist also keineswegs, gleich den anderen Künsten, das Abbild der Ideen, sondern *Abbild des Willens selbst*. [115]

Der Wille wird in der Musik eins zu eins widergespiegelt. Dabei stehen die tiefen Töne für das Wirken des Willens in der Materie als Schwerkraft, die mittleren und höheren für die belebte Natur der Tier- und Menschenwelt. Die dramatischen Wechsel, das Auf und Ab von Rhythmus und Melodie, verkörpern Leiden, Freuden, Siege und Niederlagen des Lebens:

[…] deshalb eben ist die Wirkung der Musik so sehr viel mächtiger und eindringlicher als die der andern Künste […]. [116]

Im Kunst- und Musikgenuss gehen wir im universellen Willen auf und sind somit von unserem persönlichen Wollen abgelenkt.

Der zweite Ausweg aus der alltäglichen Getriebenheit durch den Willen ist der Besuch einer Theateraufführung oder das Eintauchen in entsprechend dramatische Literatur:

[…] jeder Roman ist ein Guckkasten, darin man die Spasmen und Konvulsionen des geängstigten menschlichen Herzens betrachtet. [117]

Im Roman und im Theater werden uns, wie durch ein Guckloch, die Zuckungen und Erschütterungen des menschlichen Herzens gezeigt. Ergreifend ist das aber nur dann, wenn wir uns mit dem Helden und seinen Ängsten identifizieren. Deshalb müssen die Dramaturgen, so Schopenhauer, ihre Helden nach unserem Vorbild erschaffen und sie in der fiktiven Handlung ebenso leiden lassen, wie wir Zuschauer in der realen Welt leiden – am besten sogar noch etwas mehr:

Darum sind alle Dichter genöthigt, ihre Helden in ängstliche und peinliche Lagen zu bringen, um sie daraus wieder befreien zu können:

Drama und Epos schildern demnach durchgängig nur kämpfende, leidende, gequälte Menschen [...]. [118]

Zuerst werden die Qualen des Helden kunstvoll aneinander gereiht: wie er sich abmüht, wie er kämpft, wie er an der Welt zerbricht. Seine Feinde sind übermächtig und die angebetete Frau unerreichbar. Wenn der Held dann am Ende des Stückes doch noch, zu unserer großen Freude, alle seine Feinde bezwingt und die begehrte Frau, das Ziel all seiner Wünsche, in die Arme nehmen kann, dann, so Schopenhauer, muss die Dramaturgie sich augenblicklich eines Kunstgriffs bedienen:

Sie führt ihren Helden durch tausend Schwierigkeiten und Gefahren bis zum Ziel: sobald es erreicht ist, läßt sie schnell den Vorhang fallen. [119]

In aller Eile wird also der Vorhang heruntergelassen oder im Roman der Schlusspunkt gesetzt. Denn ab jetzt wohnt der Held Tag für Tag mit der Frau zusammen, sieht, wie sie sich die Zähne putzt und teilt mit ihr den Alltag. Ihr ganzer Zauber, ihre unerreichbar geheimnisvolle Gestalt, die er sich in den schillerndsten Farben sinnlich ausgemalt hat, verblasst in den Routinen des Lebens. Vor allem aber hat er keine Feinde mehr. Niemand trachtet ihm nach dem Leben oder fürchtet ihn. Er hat generell aufgehört, Gegenstand irgendeiner Beachtung zu sein. Ein Tag gleicht dem anderen. An Stelle seiner Feinde wartet auf ihn jetzt eine Bedrohung ganz anderer Art - die gähnende Langeweile:

Das Leben stellt sich zunächst dar als eine Aufgabe, […] es zu erhalten […]. Ist diese gelöst, […] tritt die zweite Aufgabe ein, […] die Langeweile abzuwehren, die über jedes gesicherte Leben, wie ein lauernder Raubvogel herfällt. [120]

Und genau deshalb, so Schopenhauer, muss der Vorhang so schnell fallen. Dem Zuschauer darf die Illusion des Glücks nicht genommen werden. Und tatsächlich will niemand mitbekommen, wie Romeo und Julia nach einigen Ehejahren wegen eines zu hart gekochten Eies streiten. Und niemand will James Bond sehen, wie er in Filzpantoffeln vor dem Kamin sitzt und sich Abend für Abend mit Martini betrinkt:

Jede epische, oder dramatische Dichtung nämlich kann immer nur ein Ringen, Streben und Kämpfen um Glück, nie aber das bleibende und vollendete Glück selbst darstellen. [121]

Indem die Dramaturgen uns einen gut gewählten Ausschnitt aus der Wirklichkeit zeigen, können sie uns faszinieren und vom eigenen Getriebensein ablenken. Zwar erkennen wir im Leiden des Helden unser eigenes Leid wieder, haben aber gleichzeitig objektivierende Distanz dazu, da wir im Stück nicht selbst „wollen" und „handeln" müssen, sondern alles nur durch einen „Guckkasten" sehen.

Allerdings, so Schopenhauer, befreien uns sowohl der Genuss der bildenden Künste, die Musik als auch die dramaturgische Inszenierung jeweils nur für kurze Zeit von unserem Wollen. Eine längere Befreiung ist nur möglich, wenn wir prinzipiell „Nein" sagen zum Leben mit all seinen Genüssen und Leiden:

> Denn je weniger Erregung des Willens, desto weniger Leiden [...]. [122]

„Nein sagen zum Leben", heißt für Schopenhauer aber nicht, dass wir Selbstmord begehen sollen. Im Gegenteil, der Selbstmörder löst das Problem nicht, da er den blinden Willen in seinem Kern nicht antastet:

> Weit entfernt Verneinung des Willens zu seyn, [...] giebt er keineswegs den Willen zum Leben auf, [...] indem er die einzelne Erscheinung zerstört. [...] Der Selbstmörder verneint nur das Individuum, nicht die Species. [123]

Der Selbstmörder vernichtet also nur seine eigene individuelle Erscheinung des Willens. Ein wirklich entschlossenes „Nein-Sagen" zum blinden Willen kann nur in der gelebten Askese erfolgen. Sobald der Mensch das Leben an sich verneint,

hört er auf, irgendetwas zu wollen, hütet er sich seinen Willen an irgend etwas zu hängen

[…]. Freiwillige, vollkommene Keuschheit ist der erste Schritt in der Askese. […] Die Askesis zeigt sich sodann ferner in freiwilliger und absichtlicher Armuth. [124]

Genau wie im Buddhismus seit Jahrtausenden empfohlen, sollte der Mensch sich nicht mehr von Äußerlichkeiten ablenken lassen und in der Askese und der Meditation jene tiefe Erfahrung der Alleinheit machen, welche

den Unterschied zwischen dem eigenen und den fremden Individuen aufhebt […].

> Dann folgt von selbst, daß ein solcher Mensch [...] in allen Wesen sich, sein innerstes und wahres Selbst erkennt [...]. [125]

Diese Erfahrung des Wiedererkennens des eigenen Selbstseins in allen anderen Wesen, bedeutet aber am Ende auch, daran lässt Schopenhauer keinen Zweifel, die Aufhebung des Ichs und somit den Weg in das „Nirwana", in das Nichts:

> Wir bekennen es vielmehr frei: was nach gänzlicher Aufhebung des Willens übrig bleibt, ist für alle, [...] in welchen der Wille sich gewendet und verneint hat, diese unsere so sehr reale Welt mit allen ihren Sonnen und Milchstraßen – Nichts. [126]

Diese Nirwana-Erfahrung, dass wir die reale Welt mit allen ihren Sonnen und Planeten als „Nichts" empfinden, indem wir uns als Teil derselben fühlen und ganz darin aufgehen, wurde, so Schopenhauer, von den indischen Upanischaden und den Buddhisten zu Recht als höchste Stufe der Erleuchtung beschrieben. Im Gegensatz zum normalen Menschen erkennt der Erleuchtete, dass sein Egoismus, der sein bisheriges Leben geprägt hat, nur aufgrund des Naturprinzips der Individuierung des Willens zustande kam. Er „durchschaut" seinen eigenen blinden Willen als Teil des universellen Weltwillens und erhebt sich über dessen hungriges Treiben:

[…] da er das *principium individuationis* durchschaut, liegt ihm alles gleich nahe. Er erkennt das Ganze, faßt das Wesen desselben auf, und findet es in einem steten Vergehn, nichtigem Streben […]. [127]

Insofern ein Mensch sich solchermaßen über das nichtige und egoistische Streben der einzelnen Akteure erhebt und sich mit dem ganzen Universum verbunden fühlt, hebt er sich zugleich selbst als Subjekt und Individuum auf. Um diese Erfahrung der Alleinheit, dieses tiefe innere Aufgehen im Ganzen zu erklären, verwendet Schopenhauer auch die berühmte indische Sanskrit-Formel „Tat twam asi", die besagt, dass das „Ich" letztlich ohnehin nur eine jahrtausendealte Täuschung ist. Die einzige Realität ist das „unendliche Eine". Wenn man beispielsweise, so Schopenhauer, die „Pflanzen und Thiere in ihrem freien, natürlichen Zustande" lange genug betrachtet und lange genug kontemplativ auf sich wirken lässt, dann erkennt man sich in diesen wieder und macht intuitiv die große Erfahrung:

„Tat twam asi", das heißt: „Dieses Lebende bist du." [128]

Die Erfahrung der Alleinheit mit den anderen Lebewesen können wir eben deshalb machen, weil der universelle Wille zum Leben, auch wenn er in Form von Millionen verschiedener Wesen auftritt, letztlich doch ein und derselbe ist. Schopenhauer machte selbst stundenlange meditative Tier- und Pflanzenbeobachtungen, unter anderem im Treibhaus von Dresden:

> Die objektive Betrachtung ihrer mannigfaltigen, wundersamen Gestalten [...] ist eine lehrreiche Lektion aus dem großen Buche der Natur: [...] wir sehn in ihr die [...] Manifestation des Willens [...]. Sollten wir aber [...] ihr inneres Wesen [...] mittheilen; so würden wir am besten jene

> Sanskrit-Formel, die in den heiligen Büchern der Hindu so oft vorkommt und Mahavakya , d.h. das große Wort, genannt wird, dazu gebrauchen können: »Tat twam asi« , das heißt: »Dieses Lebende bist du.« [129]

Was nutzt uns Schopenhauers Entdeckung heute?

Können wir dem blinden Willen durch Askese entgehen?

Schopenhauer war fest davon überzeugt, dass sein Kerngedanke vom „blinden" und „hungrigen" Willen sowie dessen asketische „Verneinung" noch in hunderten Jahren Gehör finden würde. Und er scheint recht zu behalten. Seine Philosophie stößt derzeit weltweit auf wachsendes Interesse. Was aber nutzt uns seine große Entdeckung heute? Können wir tatsächlich „Nein" sagen zum Leben und mit Askese und Meditation dem blinden Willen entkommen? Ist vielleicht der Yoga-Boom ein erstes Indiz für das Aufkommen einer entsprechend neuen Lebenshaltung im Sinne Schopenhauers? Oder ist wahre Askese und meditativer Rückzug für den Menschen westlicher Prägung am Ende doch eine Illusion?

Der Realist Schopenhauer war hinsichtlich der Konsequenzen, die aus seiner Philosophie des blinden Willens erwachsen, eher skeptisch. Es sei zwar logisch, dass man den blinden Willen verneinen müsse. Er schränkte aber ein, dass dieses „Nein-Sagen zum Leben", das „Aufgehen in der Weltseele", das „Tat twam asi" und das Erreichen des „Nirwana" zunächst einmal nur die theoretische Konsequenz aus seiner Philosophie sei. In der Praxis hat Schopenhauer uns aber, wie es so seine Art ist, vor allzu großem Optimismus gewarnt. Es sei äußerst schwer, den blinden Willen zu verneinen, der uns seit unserer Geburt beherrscht. Nur ganz wenigen Menschen, zum Beispiel großen Heiligen und Weisen wie Meister Eckart oder Buddha, sei es gelungen, dem Willen zu entsagen. In ihrem Antlitz spiegelt sich

[…] jener Friede, der höher ist als alle Vernunft, jene gänzliche Meeresstille des Gemüths, jene tiefe Ruhe, unerschütterliche Zuversicht und Heiterkeit […]. [130]

Diese Ausnahmemenschen haben ihr triebhaftes „Ego" hinter sich gelassen, sich mit allem Seienden vereint und die vedische Formel wirklich umgesetzt:

> „Tat twam asi!" („Dieses bist du!") Wer sie mit klarer Erkenntniß und fester inniger Ueberzeugung über jedes Wesen, mit dem er in Berührung kommt, zu sich selber auszusprechen vermag; der ist eben damit aller Tugend und Säligkeit gewiß und auf dem geraden Wege zur Erlösung. [131]

Dieser Schritt in die Alleinheit, das Nirwana und somit in einen spirituellen Zustand völliger Wunsch- und Willenlosigkeit ist aber eben nur wenigen Menschen möglich. Schopenhauer selbst hat es in der Praxis nie geschafft. Weder hat er viel meditiert, noch besonders asketisch gelebt. So hat er gerne und gut gegessen. Der französische Philosoph Camus hat ihm deshalb später vorgeworfen, dass er stets an einer „gut gedeckten Tafel speiste" und zwischen dem dritten und vierten Gang die Verneinung des Lebens empfohlen habe. Schopenhauer war sich dieser Inkonsequenz durchaus bewusst, verwies aber darauf, dass man ihn nicht daran messen dürfe. Es gehe nicht um ihn als Person, sondern um die Wahrheit seiner Philosophie:

> Es ist daher so wenig nöthig, [...]
> daß der Philosoph ein Heiliger sei:
> so wie es nicht nöthig ist, [...] daß
> ein großer Bildhauer auch selbst
> ein schöner Mensch sei. [132]

Die Aufgabe der Philosophie ist, so Schopenhauer, prinzipiell eine ganz andere:

> Das ganze Wesen der Welt abstrakt
> [...] in bleibenden und stets bereit
> liegenden Begriffen der Vernunft
> niederzulegen: dieses und nichts
> anderes ist Philosophie. [133]

Und so blieb es bei Schopenhauer hinsichtlich seiner asketischen Lebenshaltung beim Kauf einer großen tibetanischen Buddha-Statue. Diese platzierte er allerdings an hervorgehobener Stelle in seiner Wohnung und freute sich, wenn Besucher sie mit Erstaunen und Bewunderung zur Kenntnis nahmen. Auch bezeichnete er sich selbst und seine Anhänger, die gegen Ende seines Lebens immer zahlreicher wurden, gerne als „Buddhaisten". Er brachte damit aber eben nur seine theoretische Nähe und große Bewunderung für die buddhistische Weltentsagung zum Ausdruck. Ähnliches gilt wohl auch für die immer zahlreicher werdenden Buddha-Figuren in den europäischen und amerikanischen Haushalten. Sie strahlen Ruhe und Gelassenheit aus, während ihre Besitzer sich im Dschungel kapitalistischer Metropolen abmühen. Aber auch wenn man, wie Schopenhauer selbst, den Weg der totalen Askese nicht mitgehen kann, ergibt sich doch aus seiner Philosophie noch eine andere, vielleicht einfacher zu praktizierende Lebenshaltung.

Erstens hat Schopenhauer festgestellt, dass höhere Lebensformen weitaus mehr Leid empfinden als die niedrigen. Zweitens kam er zu dem Ergebnis, dass wir intuitiv spüren, dass in Tieren und Menschen ein und derselbe Wille zum Leben wirkt. Und drittens hält er uns dazu an, anderen Wesen so wenig Leid als möglich zuzufügen. Nimmt man alle drei Gedanken zusammen, ergibt sich daraus die Schlussfolgerung, den Wunsch der Tiere nach Unversehrtheit zu respektieren:

> Indessen erwacht auch in Europa mehr und mehr der Sinn für die Rechte der Thiere [...]. [134]

„Positiv denken!" als Ideologie – Schopenhauers Plädoyer für den Pessimismus

„Think positive!", „sei optimistisch!" und „achte auf deine Resonanz!" Solche und ähnliche Imperative prasseln derzeit überall auf die Köpfe der modernen Menschen. Nur wer selbst begeistert ist, kann andere mitreißen, ist ein Top-Motivator und macht Karriere. Typen wie Schopenhauer wären heutzutage mega-out. Die Leistungsgesellschaft verlangt Optimismus als Grundqualifikation, als eine Art Schmieröl des kapitalistischen Getriebes.

Natürlich wurden Miesepeter zu allen Zeiten nicht so gerne gesehen, doch inzwischen hat der Zwang zum positiven Denken eine bedrohliche Dimension erreicht. Optimismus wird fast schon zur Bürgerpflicht. Wer Unbehagen, Kritik oder gar Züge von Niedergeschlagenheit äußert, hat an sich zu arbeiten, mit Selbsthilfeliteratur, einem Personal-Trainer, Coach oder Therapeuten.

Schopenhauer würde sich im Grabe umdrehen. Der Zwang zum positiven Denken und zur entsprechenden Selbstoptimierung wäre für ihn pure Ideologie. Denn „Selbstoptimierung" suggeriert, dass man sein Selbst verbessert, obwohl es oft nur um die Verbesserung der Produktionsleistung für das Unternehmen geht. Die Optimismus-Forderung wäre für Schopenhauer aber auch schon vom Grundsatz her völlig unseriös:

Uebrigens kann ich hier die Erklärung nicht zurückhalten, daß mir der *Optimismus* [...] als eine wahrhaft *ruchlose* Denkungsart erscheint, als ein bitterer Hohn über die namenlosen Leiden der Menschheit. [135]

Darüber hinaus gibt es Menschen, deren Charakter darin besteht, die Welt und sich selbst prinzipiell kritischer zu sehen als die meisten anderen. Und das ist für Schopenhauer keineswegs eine schlechte Eigenschaft, die therapiert werden muss, sondern umgekehrt eine weitsichtige und authentische Einstellung. So leiden gerade begabte Menschen in besonderer Weise an der Welt:

Im gleichen Maaße also, wie die Erkenntniß zur Deutlichkeit gelangt, das Bewußtseyn

sich steigert, wächst auch die Quaal, welche folglich ihren höchsten Grad im Menschen erreicht, und dort wieder um so mehr, […] je intelligenter der Mensch ist […]. [136]

Der Pessimismus ist aber nicht nur authentischer als der Optimismus, sondern sogar lebenspraktischer. Er mag „finster und ängstlich" erscheinen, erweist sich aber insgesamt als die erfolgreichere Einstellung zum Leben, da

> die finstern und ängstlichen Charaktere, im Ganzen, zwar mehr imaginäre, dafür aber weniger reale Unfälle zu überstehen haben werden als die heitern und sorglosen [...]. [137]

Der Pessimist, so Schopenhauer, macht sich nämlich immer schon Gedanken über den schlechtmöglichsten Ausgang einer Sache und handelt entsprechend vorsichtig. Der Optimist hingegen verkennt in positiver Erwartung des Geschehens die damit verbundenen Risiken.

Schopenhauer war bekannt dafür, dass er aus hygienischen Gründen bei Kneipenbesuchen immer sein eigenes Glas dabei hatte. Und da er hinsichtlich etwaiger Krankheiten und Infektionen generell in steter Sorge war, packte er natürlich sofort seine Koffer und verließ Berlin, als er hörte, dass die Cholera ausgebrochen sei. Er ließ alles liegen und stehen, verlegte seinen Wohnsitz im August 1831 kurzerhand nach Mannheim und später nach Frankfurt.

Die Mainmetropole hielt er aus einer Vielzahl von Gründen für seuchenresistent. Sein großer philosophischer Gegenspieler Hegel hingegen verließ Berlin nur für kurze Zeit, kehrte zurück und infizierte sich mit dem Choleravirus. Nur zwei Monate später, im November desselben Jahres, verstarb Hegel mit nur einundsechzig Jahren. Vielleicht war es die Umsicht Schopenhauers, vielleicht auch nur Ironie des Schicksals, in jedem Fall aber eine Tatsache, dass der Denker des Weltgeistes, der große Optimist Hegel verstarb, während der Pessimist Schopenhauer überlebte.

„Wer sein Alter nicht kennt, lernt dessen Leiden kennen" – Realistisch alt werden mit Schopenhauer

„Du bist nur so alt, wie du dich fühlst", lautet eine verbreitete Mutmacher-Parole. Das Alter ist weniger ein biologischer Prozess, als eine Frage der Einstellung. Zudem verspricht eine Flut von „Anti-Aging" Produkten den biologischen Verfall zu stoppen. Mit allerlei Fitnessprogrammen versucht man, dem gesellschaftlichen Ideal juveniler Schönheit zu entsprechen. Schopenhauer macht uns einen anderen Vorschlag. Er empfiehlt einen realistischen Umgang mit den verschiedenen Phasen des Lebens:

Qi n'a pas l'estprit de son âge, De son âge a tout le malheur.
(Wer sein Alter nicht kennt, lernt dessen Leiden kennen.) [138]

Schopenhauer hat diese Weisheit von Voltaire übernommen. Es gilt, die eigenen Kräfte richtig einzuschätzen und speziell im Alter von körperlicher Anstrengung abzusehen. Lediglich lange Spaziergänge, wie er sie selbst mit seinem Pudel zu machen pflegte, seien der Gesundheit zuträglich. Der Rückgang der körperlichen und geistigen Kräfte ist zwar unvermeidlich, kann aber, so Schopenhauer, ein Stück weit „kompensiert" werden. So hat beispielsweise das Nachlassen des Sexualtriebes auch Vorzüge:

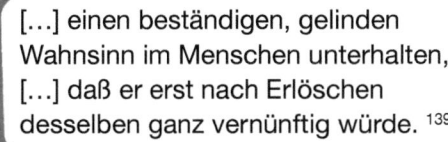

Sogar ließe sich behaupten, daß die mannigfaltigen und endlosen Grillen, welche der Geschlechtstrieb erzeugt,

[...] einen beständigen, gelinden Wahnsinn im Menschen unterhalten, [...] daß er erst nach Erlöschen desselben ganz vernünftig würde. [139]

Die Jugend steht demzufolge ganz unter der „Herrschaft dieses Dämons" und neigt zu Liebeskummer und Melancholie:

[...] das Alter aber hat die Heiterkeit Dessen, der eine lange getragene Fessel los ist und sich nun frei bewegt. [140]

Zudem eröffnet sich anstelle der Sexualität eine andere Quelle der Lust:

Von der Venus entlassen, wird man gern eine Aufheiterung beim Bakchus suchen. [141]

An die Stelle der Liebesgöttin tritt also der Gott des Rausches. Ferner ist es, so Schopenhauer, ein dreifaches Vorurteil, dass sich alte Menschen langweilen. Erstens: Wenn man von den beruflichen Zwängen des Lebens befreit ist, gewinnt man freie Zeit, seine Erfahrungen endlich nutzbar zu machen und das Leben selbst zu verstehen:

[…] man gewinnt, in allen Dingen, mehr und mehr eine zusammenfassende Uebersicht des Ganzen: so hat […] die eigene innerste Fortbildung noch immer ihren Fortgang […]. [142]

Zudem läuft […] im Alter die Zeit viel schneller; was der Langenweile entgegenwirkt. [143]

Und drittens geht man mit seiner Zeit erheblich sparsamer um:

[…] im Alter geizt man mit seiner Zeit. Es geht uns da wie Einem, der in den Geldsack greift und schon den Boden sieht. [144]

Allerdings, so räumt Schopenhauer ein, fällt es in hohem Alter zunehmend schwer, den Kräfteschwund zu kompensieren. „Alt werden ist nichts für Feiglinge", betitelte der deutsche Schauspieler Joachim Fuchsberger seine Memoiren. Damit hat er Schopenhauers Einschätzung des Alters auf den Punkt gebracht.

Man muss sich letztlich auch seinen zunehmenden Leiden stellen:

Das Schwinden aller Kräfte im zunehmenden Alter […], und immer mehr und mehr, ist allerdings sehr traurig: doch ist es nothwendig, ja wohlthätig; weil sonst der Tod zu schwer werden würde […]. [145]

Die Befreiung vom Zwang glücklich zu sein – Schopenhauers Vermächtnis

Schopenhauers Vermächtnis ist vielschichtig. In der Sekundärliteratur werden meist drei bedeutende Wirkungen seines Schaffens angegeben. Erstens hat Schopenhauer mit seiner Philosophie des Willens, der uns unbewusst steuert, die Psychoanalyse von Sigmund Freud vorbereitet und inspiriert. Zweitens hat er die hochfliegende idealistische Einschätzung des Menschen als reinem Geistwesen zu Recht kritisiert und mit seinen Beschreibungen auf den Boden der Tatsachen heruntergeholt. Und drittens hat er mit der Empfehlung der Askese, der Meditation und dem spirituellen Weg zum Nirwana den Westen erstmals für den Buddhismus und die fernöstliche Philosophie geöffnet. Er löste geradezu einen Boom an Übersetzungen aus und ist somit zweifellos in gewisser Hinsicht ein früher Wegbereiter der heute weit verbreiteten Praxis von Meditations- und Yogatechniken in Europa und der gesamten westlichen Welt.

Und doch ist sein eigentliches Vermächtnis in einem viel einfacheren, aber gerade deshalb oft übersehenen Kontext zu suchen. Schopenhauers Philosophie kann uns helfen, uns ein für alle Mal vom Zwang zur Glücks- und Selbstoptimierung zu befreien. Jeder Mensch, der die „Welt als Wille und Vorstellung" gelesen hat, ist fortan immun gegen den Optimierungswahn unserer Gesellschaft. Man muss nicht immer gleich an sich arbeiten, wenn es einem schlecht geht:

Ganz glücklich in der Gegenwart, hat sich noch kein Mensch gefühlt; er wäre denn betrunken gewesen. [146]

Deutlicher geht es nicht. Auch gibt es, in der Konsequenz seiner Philosophie, ein Grundrecht auf Pessimismus, ein Recht auf Kritik am Dasein, ja sogar ein Recht auf das „Nein-Sagen" zur Welt. Der Zwang, glücklich zu sein, ist ein höchst modernes Phänomen. Während man im Mittelalter noch glaubte, dass vom Leid geplagte Menschen besonderen Prüfungen Gottes ausgesetzt sind, ist heutzutage jeder selbst schuld an seinem Zustand. „Du bist deines Glückes Schmied". Bist du unglücklich, hast du etwas falsch gemacht.

Für die Betroffenen beginnt dann die abenteuerliche Suche nach dem Glück auf einem unübersichtlichen Markt, der alles anbietet von Achtsamkeitskursen, Schamanismus, Tantra, Erlebnisreisen, Selbsterfahrungs- und Streichelgruppen, bis hin zu Reisen in das eigene Ich. Außerdem aber steht der „Unglückliche" vor einer Bücherwand von Glücksliteratur. Von den „Zehn Schritten zum Glück" über den „Schnellkurs Glück" bis zur euphemistischen Ankündigung „Glück kann man lernen!" ist alles geboten. Allein im deutschsprachigen Raum gibt es über 22.000 Bücher, die das Wort „Glück" im Titel führen. Schopenhauer würde nur den Kopf schütteln:

Es liegt vielmehr ein vollkommener Widerspruch darin, leben zu wollen ohne zu leiden [...]. [147]

Für die Verheißungen der Ratgeber-Bücher sowie die Einführung eines Glücksministeriums in Bhutan hätte er höchstens einen ironischen Kommentar übrig. Bereits 1818 schrieb er, dass es eine Illusion und ein „sonderbarer Irrthum" sei, zu glauben, man könne die „innere Gesinnung" durch staatliche oder externe Maßnahmen verbessern:

Als ob die innere Gesinnung, [...] der ewig freie Wille, sich von außen modificiren und durch Einwirkung ändern ließe! [148]

Und doch prangt heutzutage sogar an Friseurgeschäften die vielversprechende Botschaft: „Gib deinem Ich neuen Schwung!" Es braucht kaum erwähnt zu werden, dass diese Message bei Schopenhauer wohl nicht verfangen würde. Er war zwar stets ordentlich gekleidet, trug sein Haar aber für damalige Verhältnisse anarchistisch wild und seitlich abstehend, was seinen Freund Wilhelm Busch zu seiner berühmt gewordenen Zeichnung veranlasste.

Keine Frage – Schopenhauer wäre ein Alptraum für jeden Friseur und Charisma-Coach. Er hat uns eindrucksvoll gezeigt, dass es prinzipiell unmöglich ist, über längere Zeit absolut glücklich zu sein. Unser Wille eröffnet uns immer mehr Begierden, Wünsche und Ideen, als die Wirklichkeit je zu befriedigen in der Lage ist. Und selbst wenn es uns phasenweise gelingt, unsere Bedürfnisse alle zu befriedigen, bleiben die Sorgen hinsichtlich künftiger Bedürfnisse:

[...] solange wir dem Drange der Wünsche, mit seinem steten Hoffen und Fürchten, hingegeben sind, [...] wird uns nimmermehr dauerndes Glück [...]. [149]

Damit spricht Schopenhauer aus, was Jahre später der berühmte Psychoanalytiker Sigmund Freud so formulierte: Der Mensch ist von seiner Konstitution her nicht dafür vorgesehen glücklich zu werden, da seine Phantasie sich immer mehr vorzustellen vermag, als die Realität je zu befriedigen in der Lage ist: „Man möchte sagen, die Absicht, dass der Mensch ‚glücklich' sei, ist im Plan der ‚Schöpfung' nicht enthalten." [150] Haben Schopenhauer und Freud recht, dann ist das allseits propagierte Glück eine Illusion:

Ein *glückliches Leben* ist unmöglich: das höchste, was der Mensch erlangen kann, ist ein *heroischer Lebenslauf*. [151]

Mit einem heroischen Lebenslauf meint Schopenhauer, dass wir angesichts der Getriebenheit durch den Willen und der damit einhergehenden Enttäuschungen unser Leben dennoch entschlossen weiterführen sollen. Heroisch ist unser Lebenslauf auch dann, wenn es uns gelingt, den blinden Willen zum Leben, der unser Dasein durchdringt, auch in allen anderen Wesen zu erkennen und diesen mit Nachsicht zu begegnen:

In der That ist die Ueberzeugung, daß die Welt, also auch der Mensch, etwas ist, das eigentlich nicht seyn sollte, geeignet, uns mit Nachsicht gegen einander zu erfüllen [...]. [152]

Da alle Erdenbürger ungefragt Geborene sind, teilen sie dasselbe Schicksal. Statt der distanzierten Anrede „Monsieur", „Herr" oder „Sir", möge es, so Schopenhauers Vorschlag, weltweit künftig nur noch die „eigentlich passende Anrede zwischen Mensch und Mensch geben":

„Leidensgefährte, Socî malorum, compangnon de misères, my fellow-sufferer." [153]

Wer den Geist Schopenhauers einmal verinnerlicht hat, wird nie mehr zum Spielball der Glücksindustrie. Er weiß, dass er dem Tod nicht entkommen kann, er weiß, dass ihn seine leidvollen Bedürfnisse lebenslang begleiten, er weiß aber auch, dass er mit allen anderen Wesen ein und denselben Wunsch nach unversehrtem Leben teilt. Kurzum, er lebt existenziell, nimmt Anteil an anderen und entfaltet sich jenseits von Gott und Teufel als nüchtern kritischer Geist. Schopenhauer selbst hat sich von diesem Weg nie abbringen lassen:

Zitatverzeichnis

Die Zitate von Arthur Schopenhauer entstammen der Züricher Werksausgabe „Werke in 10 Bänden, Diogenes Verlag, Zürich 1977" und werden mit der jeweiligen Kapitelnummer, Bandnummer und Seitenzahl angegeben:

1   Zitat, Arthur Schopenhauer, Die Welt als Wille und Vorstellung, Band II, Zweiter Teilband, Züricher Ausgabe, Kap. 46, Band 4, S. 680, im Folgenden zitiert als „Welt als Wille II/2, Band 4"
2   Zitat, Arthur Schopenhauer, Die Welt als Wille und Vorstellung, Band II, Erster Teilband, Züricher Ausgabe, Kap. 28, Band 3, S. 420, im Folgenden zitiert als „Welt als Wille II/1, Band 3"
3   Zitat, Arthur Schopenhauer, Parerga und Paralipomena, Band II, Zweiter Teilband, Züricher Ausgabe, § 338, Band 10, S. 653, im Folgenden zitiert als „Parerga II/2, Band 10"
4   Zitat, Welt als Wille II/1, Kap. 28, Band 3, S. 410
5   Zitat, ebenda
6   Zitat, ebenda
7   Zitat, ebenda
8   Zitat, Welt als Wille II/1, Kap. 28, Band 3, S. 420
9   Zitat, Welt als Wille II/1, Kap. 28, Band 3, S. 418
10   Zitat, ebenda
11   Zitat, Arthur Schopenhauer, Welt als Wille und Vorstellung I, Zweiter Teilband, Züricher Ausgabe, § 60, Band 2, S. 412, im Folgenden zitiert als „Welt als Wille I/2, Band 2"
12   Zitat, Welt als Wille I/2, § 62, Band 2, S. 436
13   Zitat, Welt als Wille I/2, § 63, Band 2, S. 441
14   Zitat, ebenda
15   Zitat, Welt als Wille I/2, § 54, Band 2, S. 347

16 Zitat, Welt als Wille II/1, Kap. 28, Band 3, S. 411

17 Zitat, Welt als Wille II/1, Kap. 15, Band 3, S. 162

18 Zitat, Welt als Wille II/1, Kap. 28, Band 3, S. 409

19 Zitat, Arthur Schopenhauer, Parerga und Paralipomena,
    Band II, Erster Teilband, Züricher Ausgabe, §156, Band 9, S. 326,
    im Folgenden zitiert als „Parerga II/1, Band 9"

20 Zitat, Parerga II/1, § 147, Band 9, S. 313

21 Zitat, Parerga II/1, §156, Band 9, S. 325

22 Zitat, Welt als Wille II/2, Kap. 46, Band 4, S. 674 f.

23 Zitat, Parerga II/2 , § 251, Band 10, S. 529

24 Atma bedeutet „Lebenshauch" bzw. „Einzelseele", als Teil des
    Brahman aber zugleich auch „Weltseele"

25 Zitat, Arthur Schopenhauer, zitiert nach Karlheinz Muscheler,
    Die Schopenhauer-Marquet-Prozesse und das preußische Recht,
    Mohr Siebeck Verlag, Tübingen1996, S. 103

26 Zitat, Arthur Schopenhauer, Der handschriftliche Nachlaß in fünf
    Bänden, hrsg. von. Arthur Hübscher, Band 4,
    Deutscher Taschenbuch Verlag, München 1985, S. 96, Nr. 36

27 Zitat, Arthur Schopenhauer, Gespräche, hrsg. von Arthur Hübscher,
    Stuttgart, Bad Cannstatt 1971, S. 23

28 Zitat, Arthur Schopenhauer, Die Reisetagebücher, hrsg. von
    Ludger Lütkehaus, Haffmans Verlag, Zürich 1988, S. 140 ff.

29 Zitat, Johanna Schopenhauer, zitiert nach Rüdiger Safranski,
    Schopenhauer und die wilden Jahre der Philosophie, Hanser Verlag,
    München 1987, S. 141

30 Zitat, Welt als Wille I/2, § 59, Band 2, S. 405

31 Zitat, Welt als Wille I/2, § 68, Band 2, S. 470 f.

32 Zitat, Arthur Schopenhauer, Die Welt als Wille und Vorstellung,
    Band I, erster Teilband, § 1, Band 1, S. 29, im Folgenden zitiert als
    „Welt als Wille I/1, Band 1"

33 Zitat, Welt als Wille II/1, Kap. 1, Band 3, S.11

34 Zitat, Arthur Schopenhauer, Preisschrift über die Grundlage
    der Moral, in: Züricher Werksausgabe, § 14, Band 6, S. 237,
    im Folgenden zitiert als „Grundlagen der Moral, Band 6"

35 Zitat, Arthur Schopenhauer, Parerga und Paralipomena, Band I,
    Zweiter Teilband, Züricher Ausgabe, Kap. 1, Band 8, S. 346 f.,
    im Folgenden zitiert als „Parerga I/2, Band 8"

36 Zitat, Welt als Wille II/1, Kap. 17, Band 3, S. 209

37 Zitat, Welt als Wille I/1, § 18, Band 1, S. 143
38 Zitat, Welt als Wille I/1, § 29, Band 1, S. 215
39 Zitat, Welt als Wille I/1, § 21, Band 1, S. 154
40 Zitat, Arthur Schopenhauer, Der handschriftlicher Nachlass,
    hrsg. von Arthur Hübscher, 5 Bände, Frankfurt a. M. 1985,
    Manuskripte 1817, Nr. 662, Band 1, S. 462
41 Zitat, Welt als Wille I/1, § 21, Band 1, S. 154
42 Zitat, Welt als Wille II/1, Kap. 28, Band 3, S. 410
43 Zitat, Welt als Wille II/1, Kap. 28, Band 3, S. 419
44 Zitat, Welt als Wille I/2, § 55, Band 2, S. 362
45 Zitat, Welt als Wille I/1, § 20, Band 1, S. 153
46 Zitat, Welt als Wille I/2, § 55, Band 2, S. 362
47 Zitat, Welt als Wille II/1, Kap. 15, Band 3, S. 162
48 Zitat, Welt als Wille II/1, Kap. 19, Band 3, S. 257
49 Zitat, Welt als Wille I/1, § 27, Band 1, S. 202
50 Zitat, Welt als Wille II/1, Kap. 17, Band 3, S. 186 f.
51 Zitat, Welt als Wille I/1, § 38, Band 1, S. 252
52 Zitat, ebenda
53 Zitat, Welt als Wille I/2, § 65, Band 2, S. 450
54 Zitat, Parerga II/1, § 149, Band 9, S. 317
55 Zitat, Welt als Wille I/1, § 27, Band 1, S. 197
56 Zitat, Welt als Wille I/1, § 27, Band 1, S. 198
57 Zitat, Welt als Wille II/2, Kap. 46, Band 4, S. 677
58 Zitat, Welt als Wille I/1, § 28, Band 1, S. 206
59 Zitat, Welt als Wille II/1, Kap 28, Band 3, S. 415
60 Zitat, Welt als Wille I/1, § 27, Band 1, S. 198
61 Zitat, Parerga I/2, Kap. 5, Band 8, S. 495
62 Zitat, Parerga II/1, § 153, Band 9, S. 322
63 Zitat, Welt als Wille I/2, § 57, Band 2, S. 397
64 Zitat, ebenda
65 Zitat, Welt als Wille Kap. 46, II/2, Band 4, S. 673
66 Zitat, Parerga II/1, § 146, Band 9, S. 311
67 Zitat, ebenda
68 Zitat, ebenda
69 Zitat, Welt als Wille I/2, § 57, Band 2, S. 394
70 Zitat, Welt als Wille II/2, Kap. 44, Band 4, S. 624
71 Zitat, Parerga II/1, § 153, Band 9, S. 320
72 Zitat, Welt als Wille I/2, § 57, Band 2, S. 390

73 Zitat, Parerga II/1, § 143, Band 9, S. 308

74 Zitat, Parerga II/1, § 155, Band 9, S. 324

75 Zitat, Parerga I/2, Kap. 6, Band 8, S. 525

76 Zitat, Parerga II/1, § 144, Band 9, S. 309

77 Zitat, Parerga II/1, § 145, Band 9, S. 310

78 Zitat, Parerga II/1, § 146, Band 9, S. 311

79 Zitat, Parerga II/1, § 150, Band 9, S. 317

80 Zitat, Parerga I/2, Einleitung, Band 8, S. 344

81 Zitat, Welt als Wille I/2, § 62, Band 2, S. 436

82 Zitat, ebenda

83 Zitat, ebenda

84 Zitat, Welt als Wille II/1, Kap. 17, Band 3, S. 216

85 Zitat, Parerga II/1, § 146, Band 9, S. 312

86 Zitat, Welt als Wille II/2, Kap. 38, Band 4, S. 522 f.

87 Zitat, Welt als Wille II/2, Kap. 41, Band 4, S. 559

88 Zitat, Welt als Wille I/2, § 58, Band 2, S. 402 f.

89 Zitat, Welt als Wille II/1, Kap. 28, Band 3, S. 415

90 Zitat, Welt als Wille I/2, § 58, Band 2, S.403 f.

91 Zitat, Welt als Wille II/1, Kap. 17, Band 3, S. 188

92 Zitat, Welt als Wille II/2, Kap. 46, Band 4, S. 681

93 Zitat, Welt als Wille II/2, Kap. 46, Band 4, S. 680

94 Zitat, Welt als Wille II/2, Kap. 46, Band 4, S. 683

95 Zitat, Parerga II/1, § 156, Band 9, S. 326

96 Zitat, Parerga II/1, § 155, Band 9, S. 327

97 Zitat, Welt als Wille I/2, § 59, Band 2, S. 406

98 Zitat, Arthur Schopenhauer, Der handschriftliche Nachlaß in fünf Bänden, hrsg. von Arthur Hübscher, Deutscher Taschenbuch Verlag, München 1985, Band 3, S. 57, Nr. 138.

99 Zitat, Welt als Wille II/1, Kap. 28, Band 3, S. 416 f.

100 Zitat, Parerga, II/2, § 344a, Band 10, S. 656

101 Zitat, Welt als Wille II/1, Kap. 28, Band 3, S. 415

102 Zitat, Welt als Wille I/2, § 66, Band 2, S. 462

103 Zitat, Grundlage der Moral, § 19, Band 6, S. 288

104 Zitat, Grundlage der Moral, § 19, Band 6, S. 281

105 Zitat, Grundlage der Moral, §17, Band 6, S. 252

106 Zitat, Welt als Wille I/2, § 66, Band 2, S. 462

107 Zitat, Welt als Wille I/2, § 67, Band 2, S. 465 f.

108 Zitat, Welt als Wille I/2, § 59, Band 2, S. 405
109 Zitat, Grundlage der Moral, § 14, Band 6, S. 235 f. und 238
110 Zitat, Grundlage der Moral, § 14, Band 6, S. 237
111 Zitat, Welt als Wille I/1, § 38, Band 1, S. 252
112 Zitat, Welt als Wille I/1, § 38, Band 1, S. 253
113 Zitat, ebenda
114 Zitat, Welt als Wille I/1, § 36, Band 1, S 240
115 Zitat, Welt als Wille I/1, § 52, Band 1, S. 324
116 Zitat, ebenda
117 Zitat, Welt als Wille II/2, Kap. 46, Band 4, S. 673
118 Zitat, ebenda
119 Zitat, Welt als Wille I/2, § 58, Band 2, S. 401
120 Zitat, Parerga II/1, § 146, Band 9, S. 311
121 Zitat, Welt als Wille I/2, § 58, Band 2, S. 401
122 Zitat, Parerga I/2, Kap. 5, Band 8, S. 455
123 Zitat, Welt als Wille I/2, § 69, Band 2, S. 492 f.
124 Zitat, Welt als Wille I/2, § 68, Band 2, S. 471 f.
125 Zitat, Welt als Wille I/2, § 68, Band 2, S. 469
126 Zitat, Welt als Wille I/2, § 71, Band 2, S. 508
127 Zitat, Welt als Wille I/2, § 68, Band 2, S. 469
128 Zitat, Welt als Wille I/1, § 44, Band 1, S 280
129 Zitat, Welt als Wille I/1, § 44, Band 1, S 279 f.
130 Zitat, Welt als Wille I/2, § 71, Band 2, S. 507
131 Zitat, Welt als Wille I/2, § 66, Band 2, S. 464
132 Zitat, Welt als Wille I/2, § 68, Band 2, S. 474
133 Zitat, Welt als Wille I/2, § 68, Band 2, S. 475
134 Zitat, Grundlage der Moral, § 19, Band 6, S. 282
135 Zitat, Welt als Wille I/2, § 59, Band 2, S. 407 f.
136 Zitat, Welt als Wille I/2, § 56, Band 2, S. 388
137 Zitat, Parerga, I/2, Kap. 2, Band 8, S. 358
138 Zitat, Parerga I/2, Kap. 6, Band 8, S. 519
139 Zitat, Parerga, I/2, Kap. 6, Band 8, S. 534
140 Zitat, ebenda
141 Zitat, Parerga I/2, Kap. 6, Band 8, S. 536
142 Zitat, ebenda
143 Zitat, ebenda
144 Zitat, Arthur Schopenhauer, zitiert nach Walter Abendroth,
     Arthur Schopenhauer, Rowohlt Verlag, Hamburg 1967, S. 116

145 Zitat, Parerga, I/2, Kap. 6, Band 8, S. 537

146 Zitat, Parerga II/1, § 146, Band 9, S. 312

147 Zitat, Welt als Wille I/1, § 16, Band 1, S.133

148 Zitat, Welt als Wille I/2, § 62, Band 2, S. 430

149 Zitat, Welt als Wille I/1, § 38, Band 1, S. 252

150 Zitat, Sigmund Freud, Die Zukunft einer Illusion, Gesammelte Werke, 2. Auflage, Frankfurt a. Main 1964, Band XIV, S. 434

151 Zitat, Parerga II/1, § 172a, Band 9, S. 350

152 Zitat, Parerga II/1, § 156, Band 9, S. 330

153 Zitat, Parerga II/1, § 156, Band 9, S. 330

154 Zitat, Parerga II/1, § 156, Band 9, S. 326

In dieser Reihe erschienen:

Walther Ziegler
Adorno in 60 Minuten
1. Auflage: Oktober 2017
96 Seiten, Paperback, € 9,99
ISBN 9783-7-4486-463-3

Walther Ziegler
Camus in 60 Minuten
1. Auflage: April 2015
84 Seiten, Paperback, € 9,99
ISBN 978-3-7347-8170-4

Walther Ziegler
Freud in 60 Minuten
1. Auflage: April 2015
96 Seiten, Paperback, € 9,99
ISBN 978-3-7347-8024-0

Walther Ziegler
Habermas in 60 Minuten
1. Auflage: März 2017
128 Seiten, Paperback, € 9,99
ISBN 978-3-7431-8732-0

Walther Ziegler
Hegel in 60 Minuten
1. Auflage: April 2015
128 Seiten, Paperback, € 9,99
ISBN 978-3-7347-8128-5

Walther Ziegler
Heidegger in 60 Minuten
1. Auflage: April 2015
108 Seiten, Paperback, € 9,99
ISBN 978-3-7347-8169-8

Walther Ziegler
Kant in 60 Minuten
1. Auflage: April 2015
144 Seiten, Paperback, € 9,99
ISBN 978-3-7347-8172-8

Walther Ziegler
Marx in 60 Minuten
1. Auflage: April 2015
112 Seiten, Paperback, € 9,99
ISBN 978-3-7347-8154-4

Walther Ziegler
Nietzsche in 60 Minuten
1. Auflage: Oktober 2017
152 Seiten, Paperback, € 9,99
ISBN 978-3-7448-6482-4

Walther Ziegler
Rousseau in 60 Minuten
1. Auflage: April 2015
112 Seiten, Paperback, € 9,99
ISBN 978-3-7347-2555-5

Walther Ziegler
Sartre in 60 Minuten
1. Auflage: April 2015
116 Seiten, Paperback, € 9,99
ISBN 978-3-7347-8156-8

Walther Ziegler
Schopenhauer in 60 Minuten
1. Auflage: Januar 2018
139 Seiten, Paperback, € 9,99
ISBN 978-3-7448-6463-3

Walther Ziegler
Smith in 60 Minuten
1. Auflage: April 2015
100 Seiten, Paperback, € 9,99
ISBN 978-3-7347-8157-5

Walther Ziegler
Platon in 60 Minuten
1. Auflage: April 2015
112 Seiten, Paperback, € 9,99
ISBN 978-3-7347-8158-2

Walther Ziegler
Wittgenstein in 60 Minuten
1. Auflage: März 2018
116 Seiten, Paperback, € 9,99
ISBN 978-3-7460-8226-4

Große Denker in 60 Minuten

Sämtliche Bücher der Reihe sind auch gebunden als Hardcover im gleichen Verlag erschienen.

Demnächst in dieser Reihe:

Walther Ziegler
Arendt in 60 Minuten

Walther Ziegler
Bacon in 60 Minuten

Walther Ziegler
Descartes in 60 Minuten

Walther Ziegler
Foucault in 60 Minuten

Walther Ziegler
Hobbes in 60 Minuten

Walther Ziegler
Popper in 60 Minuten

Walther Ziegler
Rawls in 60 Minuten

Der Autor:

Dr. Walther Ziegler hat Philosophie, Geschichte und Politik studiert. Als Auslandskorrespondent, Reporter und Nachrichtenchef des Fernsehsenders ProSieben produzierte er Filme auf allen Kontinenten. Seine Reportagen wurden mehrfach preisgekrönt. Seit 2007 bildet er in München junge TV-Journalisten aus und leitet die Medienakademie auf dem Gelände der Bavaria Film, eine Hochschulbildungseinrichtung für Film- und Fernsehstudiengänge. Er ist zugleich Autor zahlreicher philosophischer Bücher. Als langjährigem Journalisten gelingt es ihm, das komplexe Wissen der großen Philosophen spannend und verständlich darzustellen.